추천의 말

아이들에게 글쓰기란 사실 어렵다. 어른이 말하는 수많은 글쓰기는 아이들에게 '의무'로 다가올 때가 많다.《영근 샘의 글쓰기 수업》에서는 이 어렵고 지루한 의무를 솔직하고 재미난 '서사'로 바꿔 주는 방법을 쉽고 자세히 알려 준다. 글쓰기가 어떻게 삶의 일부가 되고 나아가 살아 있는 글이 되는지 궁금한 선생님들께 추천한다.

- 김태승(서울 초등교사,《초등 학부모 상담》저자)

아이들과 알차게 살아 보려 이리저리 애써 봐도 어딘가 허전함을 느꼈다면 이 책을 읽어 보았으면 한다. 글쓰기가 가진 힘에 마음이 그득히 채워진다. 글쓰기를 가르치면서 스치듯 해 봤을 작은 고민까지 놓치지 않고 하나하나 자세히 밝혀 쓴 이영근 선생님의 친절함 덕분에 글 쓰는 우리 반이 저절로 그려진다.

- 반솔희(경기 초등교사, 서울경기글쓰기교육연구회 군포모임 대표)

꾸밈없는 말과 글로 아이들과 삶을 나누는 이영근 선생님의 모습은 많은 교실에 선한 영향을 끼치고 있다.《영근 샘의 글쓰기 수업》에도 글똥누기, 일기, 수업, 문집을 통해 아이들과 소통해 온 선생님의 열정 어린 삶과 배움의 흔적이 빼곡하다. 선생님과 이야기를 나누다 보면 교사로서의 나의 삶이 존중받고, 더욱 단단해짐을 느낀다. 많은 분들이 이 책을 통해 그런 따뜻한 기운을 느끼길 바란다.

- 이호재(부산 초등교사,《노래로 그리는 행복한 교실》저자)

놀이나 중요한 활동을 마치고 글을 쓰자고 하면 아이들은 싫다고 소리친다. 놀이와 글이 하나라는 걸 아이들에게 알려 줄 수 있다면 얼마나 좋을까. 이 책은 영근 샘이 아이들과 어떻게 살고 있는지, 어떻게 삶을 글로 이어지게 하는지 들여다볼 수 있다. 그리고 글 쓰고 싶다는 마음과 쓸 수 있겠다는 자신감이 생겼다. 삶을

담은 진솔한 이야기는 그런 힘이 있다. 떠밀리듯 떠나온 학교로 돌아가서 못 다 쓴
글을 쓰고 싶어졌다.

- 정유진(사람과 교육 연구소 소장)

글은 삶에서 시작해야 한다. 내가 무엇을 보고 들었는지를 다시 돌아보고 이를
잘 다듬어 내어 보이는 것이 글쓰기의 시작이다. 아이들의 삶을 담고 이를 나누겠
다는 선생님의 노력과 고민이 그대로 느껴진다. 오랜 시간 아이들과 글쓰기 공부
를 꾸준히 실천한 흔적이 고스란히 남아 있다. 교실에서 글쓰기 공부를 하려는 선
생님에게 이만한 책이 없을 것이다.

- 주한경(경기 초등교사, 서울경기글쓰기교육연구회 회장)

영근 샘의 글에는 교실의 삶과 배움이 그대로 담겨 있다. 참사랑땀 아이들은
꽃을 보고 노래를 부르고 토론을 하고 놀고 나서 살아 있는 글을 쓴다. 글 쓰는 방
법을 알려 주는 책인데 이렇게 같이 살아 보자고 한다. 글과 배움과 삶이 서로 닿
아 있다. 아이쿠! 이렇게 오늘도 영근 샘에게 넘어간다.

- 한승모(강원 초등교사, 전국초등음악수업연구회 공동대표)

이 책은 글쓰기 수업에 대한 뼈대만 대충 알려 주지 않는다. 그 뼈대가 어떻게
살아 숨 쉬는 몸이 되는지, 살을 붙이는 과정까지 하나하나 담았다. 곧고 바른 뼈
대를 세우는 법을 알려 주는 책도 필요하지만 튼튼한 몸이 되려면 이렇게 살을 붙
여야 한다는 것을 또렷하게 보여 주는 책도 귀하지 않을 수 없다. 왜 영근 샘은 이
제야 책을 쓴 걸까 이런 책을 미리 만났더라면 널 헤맸을 텐데. 지금이라도 나와
주어 참 좋다.

- 한재경(경기 초등교사, 한국글쓰기교육연구회 회원)

영근 샘의 글쓰기 수업

생각이 커져요 마음이 자라요 📌

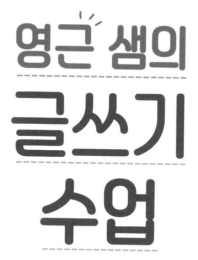

영근 샘의
글쓰기
수업

이영근 지음

👥에듀니티

아이들과 글로
삶을 가꿔 온 시간을 기록하며

"글쓰기 수업 어려워요."

"글쓰기 수업 어떻게 할 수 있을까요?"

선생님들이 많이 하는 말입니다. 이렇게 하면 돼요, 하고 비법이라도 알려 주고 싶지만 그러지도 못합니다. 하지만 "선생님, 저는 이렇게 해 왔어요. 저와 같이 글쓰기를 해 보실래요?"라고 말할 수는 있습니다. 그동안 글쓰기 수업을 했던 이야기를 글로 썼고, 글 속에 세 가지를 담았습니다.

'국어 시간에 글쓰기 수업을 이렇게 합니다.'

'삶을 글로 쓰고, 글쓰기로 삶을 가꿉니다.'

'어떤 활동을 하고 나면 글로 갈무리합니다.'

선생으로 다섯 해를 살던 때, 우연히 한국글쓰기교육연구회에서 방학마다 여는 2박 3일 연수회를 갔습니다. 같이 갔던 정순 샘이 연수회를 마치며, "이 연수회는 계속 와요. 글쓰기 모임에도 나가서 공부하면 좋겠어요."라고 말했습니다. 이를 계기로 서울경기글쓰기교육연구회에 나가고 교실에서 학생들과 글쓰기를 계속하게 되었습니다.

처음에는 무엇을 어떻게 써야 하는지 제대로 알지 못해 허둥거렸지만 반에서 글은 계속 썼습니다. 날마다 일기를 쓰고, 글똥누기로 아침에도 글을 썼습니다. 시 쓰기 시간을 만들어 시 문집을 엮기도 했습니다. 글쓰기 지도는 서툴렀지만, 학생들이 쓴 글은 소중하게 보려 애썼습니다. 그러며 영근 샘도 날마다 일기, 글똥누기를 쓰고 해마다 문집을 엮었습니다. 그렇게 글쓰기를 우리 반 으뜸 활동으로 삼아 이제껏 살아 왔습니다.

선생님들이 모인 자리에 우리 반 학생들 글을 전시하곤 합니다. 이런저런 궁금한 것을 묻던 한 분이 "영근 샘, 글쓰기 한 걸로 책 써 줘요." 하셨습니다. 저는 그 말에 멈칫하며, "제가 글쓰기는 아직 자신이 없어요."라고 대답을 얼버무렸습니다. 그런데 그 말을 다시 곰곰이 곱씹으며 나와 우리 교실을 보니 늘 글쓰기를 해 왔고 지금도 하고 있습니다. 학부모와 학생들에게도 자신 있게 "글쓰기는 삶을 가꾸는 가장 좋은 도구예요." 하고 말해 왔습니다. '15년이 넘게 글쓰기를 학생들과 했으면서 우리 반 글쓰기를 글로 드러내지 못한다면, 글쓰기는 누가 할 수 있겠어?' 하는 생각이 들었습니다.

이 책에 쓴 글마다 영근 샘이 학생들과 함께한 모습이 있습니다. 학생들이 쓴 글마다 학생들의 모습이 있습니다. 학생들 글 속에 자연이나 부모님, 선생님과 친구들이 늘 함께하듯, 영근 샘 글에는 여러 선생님들과 함께 배우고 학생들과 함께 살아온 시간들이 있습니다.

이 책에 우리 반 글쓰기를 다 담지는 않았습니다. 도덕과 국어를 이어서 한 '참된 아름다움 실천하고 글쓰기', 1학년 학생들과 3년 동안 하던 '살아 있는 그림 그리기', 해마다 학생들과 놓치지 않고 하는 '영화 보고 글쓰기'도 있습니다. 이런 글은 초등참사랑, 서울경기글쓰기교육연구회, 초등토론교육연구회 같은 곳에서 읽을 수 있습니다.

이 책을 쓸 수 있게 함께해 준 서울경기글쓰기교육연구회 선생님들께 고마운 마음을 크게 갖습니다. 아울러 군포글쓰기모임으로 처음부터 오늘까지 함께 사는 정순 샘에게도 고맙습니다. 이 책을 지금 읽고 있는 모든 분들이 글을 쓰며 제 삶을 참되게 가꿀 수 있길 응원합니다.

이영근

목차

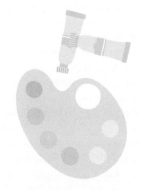

1장

글은
왜 쓰나?

"삶을 솔직하게 글로 가꿔요."

"글을 쓰니 삶이 가꿔져요."

"가꿔진 삶은 글을 가치 있게 해요."

선생으로 학생들과 살며 무엇이 중요한지 늘 고민합니다. 좋은 선생이 되려고 이것저것 애써 봅니다. 그럼에도 그 길이 잘 보이지 않습니다. 이런 고민을 하는 분들에게 영근 샘은 두 가지를 권합니다.

첫 번째는 선생님이 좋아하는 것을 해 보길 권합니다. 선생님이 좋아하거나 잘하는 것을 교실에서 교육과 연결해 꾸준하게 하세요. 꾸준하게 하다 보면 생각하지 못한 길이 보입니다. 선생님의 교육적 상상력이 높아지고 이는 성장으로 연결됩니다. 영근 샘은 좋아하는 기타를 치며 학생들이 내어 준 여러 상상으로 성장(기타 동아리, 생일 축하 등)했습니다. 선생님마다 좋아하거나 잘하는 건 다 다릅니다.

두 번째는 '글쓰기'를 권합니다. 글쓰기를 추천하는 까닭은 학생들과 하는 글쓰기가 '삶을 가꾸는 글쓰기'이기 때문입니다. 영근 샘은 한국글쓰기교육연구회─서울경기글쓰기교육연구회에서 글쓰기를 공부하며 교실에서 이를 실천했습니다. 우리 모임은 글을 잘 쓰게 하는 글쓰기보다 글 쓰는 사람, 즉 학생의 삶을 가꾸는 글쓰기를 목적으로 합니다. 영근 샘도 글을 씁니다. 영근 샘도 글을 쓰며 삶을 가꾸고 있습니다.

삶을 가꾸기 위해 글을 쓴다는 건 무슨 말일까요? 쉬운 말이지만 그 뜻이 또렷하지 않습니다. 영근 샘은 이 말을 이렇게 생각합니다. '교실에서 우리 학생들과 글을 쓰는 것은 학생들이 글을 잘 쓰도록 하기 위함이 아니다. 학생들 삶을 고스란히 글로 담기 위함이다.' 학생들 삶을 고스란히 담는 게 삶을 가꾸는 것이라는 말에서 또 한 번 갸웃거릴 수 있습니다. 하나 예를 들어 조금 더 자세하게 설명합니다.

　"어떤 학생이 급식을 먹을 때 반찬을 먹지 않는 모습을 보고 다 먹으라 했습니다. 학생은 눈물을 흘리며 다 먹었습니다. 영근 샘은 이 일을 글로 씁니다. 일기로 씁니다. 일기를 쓰며 그때를 돌아보니, 학생들이 골고루 먹었으면 하는 욕심에 방법이 너무 거칠었다는 생각이 듭니다. 앞으로는 어떻게 할지 생각하며 글을 씁니다. 다음 날 영근 샘은 학생들에게 '여러분, 급식을 받을 때 먹을 수 있는 만큼만 받으세요. 하지만 급식을 골고루 먹는 것도 여러분 삶에 큰 공부이니 먹기 싫은 것은 하나라도 받아서 먹으려 해 보세요.'라고 말했습니다. 글을 쓰며 삶을 돌아보았기에 그다음 날 삶을 조금 더 가꿨습니다."

　삶을 글로 쓰면 그 글이 다시 내 삶으로 돌아와 삶을 가꿉니다. 이렇게 가꾼 삶으로 살며 또 글을 씁니다. 가꾼 삶을 담은 글은 지난 글보다 더 낫습니다. 영근 샘이 글쓰기는 삶을 가꾸는 가장 훌륭한 도구라 말하는 까닭은 이렇습니다.

1

학생들에게 글을 쓰게 하는 목적은 무엇인가?

영근 샘은 서울경기글쓰기교육연구회에서 이오덕 선생님 책을 바탕으로 글쓰기 공부를 했습니다. 학생들에게 글을 왜 쓰게 하는지 그 이유를 이오덕 선생님의 《글쓰기 어떻게 가르칠까》(보리)[1]에서 찾았습니다. 여기에 참사랑땀 반 학생들 글을 보태 설명을 붙입니다.

어린이 마음을 지켜 주고 키워 갑니다

"엄마, 나 바둑 학원에서 새 친구 사귀었어."

"그래? 어느 학교? 집이 어디야? 이름은?"

"몰라. 그걸 꼭 알아야 돼?"

"넌 궁금하지도 않니?"

---

1) 《글쓰기 어떻게 가르칠까》(보리)는 《이오덕의 글쓰기》(2017. 양철북)로 새로 고쳐 출간되었습니다.

"그게 뭐 중요해? 친구는 그냥 재미있게 놀면 되는 거야." (참사랑땀 1학년 정현빈)

흔히 어른들은 친구를 사귈 때 어느 학교를 나왔는지, 집은 어느 정도 크기인지 따집니다. 어린이들은 그냥 재미있게 놀면 친구라 합니다. 어른들이 친구를 사귀는 모습과 다릅니다. 이것저것 따지지 않고 같이 놀 수 있으면 친구라는 현빈이 말은 어린이 마음 그대로입니다.

일하기를 즐기는 사람이 되게 합니다

제목 : (주말과제) 부모님 발 씻겨 드리기

저녁을 다 먹고서 뒹굴뒹굴거리고 있었는데 엄마께서 "주은아, 너 주말과제 안해?"라고 하셨다. 그 소리를 듣고 나는 "아! 맞다. 주말과제 해야지~"라고 말했다. "여보, 주은이 주말과제 하는 것 좀 도와주세요." "뭔데?" "어, 부모님 발 씻겨 드리래요." "아? 그래? 알았어." 난 화장실에 들어가서 수도꼭지를 온수로 틀어 놓고 바가지를 갖고서 물을 담았다. 물을 다 담고 화장실 문지방에서 조금 떨어져 '화장실용 의자'를 갖고 와서 바가지 있는 곳에 놓고, 난 그 의자에 앉고 아빠는 문지방에 앉았다. 아빠 발을 바가지 물에 넣고 발을 씻다 보니까 아빠 발이랑 내 발이랑 똑같았다. "아빠! 아빠 발이랑 내 발이랑 똑같다. 그치?" "어? 그러게." "히히. 내가 어디가든 아빠 찾을 수 있을 거 같아. 아빠 발보면, 안 그래 아빠?" "그렇지. 누가 우리 딸 자기네 딸이라고 말해도 우리 딸은 영원한 아빠 딸이야." "헤헤. 그리고 아빠! 또 똑같은 곳이 있다." "어디? 아. 손모양?" "에이, 금방 알아 버리면 어떡해!" "하하. 미안해." "괜찮아. 아빠! 그리고 손 모양 말고 손톱도 똑같아." "하하. 우리 딸 아빠랑 닮은 곳 잘 찾네." "당연하지. 내가 아빠 딸인데!" 일주일에 몇 번씩 부모님 발 씻겨 드려야겠다. 아빠!

사랑해요. (참사랑팜 6학년 김주은)

영근 샘은 초등학생 때 농사를 도왔습니다. 일은 힘들었지만 새참이 맛있었고, 틈틈이 노는 재미가 컸습니다. 그런데 요즘 학생들은 일할 틈이 없습니다. 부모님들이 일보다는 공부를 하길 바랍니다. 학생들 처지에서는 공부나 과제가 일입니다. 주말과제도 힘든 일이 되면 하기 싫습니다. 그런데 부모님이 주말과제를 흔쾌히 받아 주니 주은이는 즐겁게 하고 자세하게 썼습니다.

민주주의로 살아가게 합니다

제목 : 피구 우승

내 생각에는 아무리 우승을 하고 싶다 해도 잘하는 애들만 패스를 하고 아웃시키고 하는 것은 아무래도 안 하는 애들이 소외감을 느낄 것 같다. 이 피구 대회를 주최한 이유가 단지 게임을 즐기고 우승하는 것이 아니라 반끼리의 협동심도 길러야 하는 것인데, 솔직히 못하는 애들은 피하기만 하지 공을 받지를 못한다. 못 잡는 애들도 있지만 몇 명은 공을 잡았는데 분위기 때문에, 학생들의 눈총 때문에 잘하는 학생한테 공을 건네준다. 잘하는 애들만 너무 해서 거의 절반은 공을 잡아 보지도 못했을 것이다. 나처럼. 잘하는 애들끼리만 하는 운동 말고 협동심과 서로가 서로를 응원할 수 있는 게임을 해서 반의 우정을 더욱 두터워질 수 있도록 해야 한다는 생각이 든다. (참사랑팜 6학년 장예빈)

영근 샘의 글쓰기 수업

이날 참사랑땀 반 학생들은 무척 좋아했습니다. 열 개가 넘는 반과 함께 한 피구 경기에서 우리가 여러 판을 이겨 우승했기 때문입니다. 모두가 좋아할 때 예빈이는 다른 생각을 합니다. 잘하는 사람만 공을 던질 수 있다면 그건 더불어 사는 세상이 아님을 보았습니다. 우리 학생들은 피구를 하며 사람이 어떻게 더불어 살아가야 하는지 알았습니다. 모두가 같이 행복할 수 있는 세상을 말입니다.

생명의 귀함을 깨닫게 합니다

제목 : 새 친구

오늘 친구네서 오는데 고양이 한 마리가 덜덜 떨고 있었다. 내가 안아 주다가 잠바를 벗고 고양이한테 주니까 새끼 고양이가 좋아해서 나도 기분이 좋았다. 고양이는 '이야옹이야옹'거리는데 무슨 말인지 조금 알 것 같았다. "고맙다"고 한 것 같다. (참사랑땀 1학년 김새롬)

새롬이는 고양이가 추울까 걱정합니다. 고양이가 추울까 봐 옷을 벗어서 덮어 줍니다. 덮어 준 옷에 새끼 고양이가 좋아해서 새롬이는 기분이 좋다고 합니다. 그러며 고양이가 우는 소리가 고맙다고 한 것이라 합니다. 새롬이가 글에 나오는 고양이 같았습니다. 영근 샘이 무엇이든 아주 작은 것을 건네도 새롬이는 늘 고맙다 했습니다. 새롬이가 가진 마음이 글에 나오는 고양이가 가졌을 마음입니다.

하고 싶은 말을 마음껏 하도록 합니다

제목 : 우리 선생님

나는 우리 선생님이 너무 싫다. 얼굴도 성격도 머리도 모두 싫다. 하지만 놀 때는 정신연령이 우리와 같은 13세이다. 남자 선생님은 모두 그런 것일까? 나는 여자 선생님이 좋다. 우리 반 선생님은 자뻑이 심하시고 착각에서 빠져 나오지 못하신다. 나는 그런 것도 싫다. 선생님 같은 아빠가 있다면 정말 괴로울 것이다. 나는 정말 우리 선생님이 싫다. (참사랑땀 6학년 이초록)

초록이가 일기에 쓴 글입니다. 이런 글을 처음 읽을 때는 속상합니다. 하지만 속상한 마음만 잘 넘기면 며칠이 지나 웃음이 나기도 합니다. 초록이 마음 깊이 싫고 속상한 마음이 가득 찼는데 그걸 말하면 안 된다고 하면 초록이는 더 힘듭니다. 곰곰이 따져 보면 오히려 이렇게 쓴 글을 보여 주는 초록이가 고맙기도 합니다. 학생들에게 글을 쓸 때 힘들고, 속상하고, 억울하고, 화나는 걸 쓰도록 하는데 그러기 위해서는 학급문화 바탕에 하고픈 말은 마음껏 할 수 있다는 '믿음'이 있어야 하겠습니다.

사람이 마땅히 가져야 할 생각을 키웁니다

제목 : 할머니 댁

할머니께 전화가 왔다. 할머니께서 얼굴을 보고 싶다고 말했다. 나는 가만히 있다가 "할머니 오늘 저 거기로 놀러 가도 돼요?" 했는데 할머니가 딱 한마디 "응"이라고 했다. 나는 엄마를 잠에서 깨우고 할머니 댁에 갔다. 거기에서 조, 쌀, 식

영근 샘의 글쓰기 수업

용유, 민들레 갈아 만든 약을 주었다. 계속 얻어 가기만 하니깐 할머니께 죄송하다. (참사랑땀 6학년 조희훈)

할머니 집에 가면 할머니는 자식을 위해 까만 비닐봉지에 먹을 것을 바리바리 싸 줍니다. 영근 샘 어머니도 그렇습니다. 그럴 때마다 귀찮아 짜증을 내곤 했는데 희훈이가 쓴 글을 보고 부끄러웠습니다. 할머니가 바리바리 싸 주신 것을 고맙다고만 해도 감동인데 희훈이는 고맙기만 한 게 아니라 죄송하다고 합니다. 사람이라면 상대가 베푸는 깊은 마음을 헤아리고 그 마음에 고맙거나 미안해하는 게 마땅합니다.

글쓰기 교육의 뜻

글쓰기는 자기를 나타내게 할 수 있는 귀한 교육입니다.

글은 하고 싶은 말을 글자로 쓴 것입니다. 글쓰기는 학생들이 자기를 가장 잘 나타내는 방법입니다. 학생들이 말하듯이 글로 자기를 나타낼 수 있도록 가르쳐야 합니다. 학생들이 말을 하면서 살아야 병들지 않고 건강하게 자랄 수 있듯이 글을 쓰면서 살아야 더 건강하게 자랄 수 있습니다. 글은 말을 글자로 써 보이는 것이고, 글쓰기는 자기를 나타내는 가장 높은 수단이 되기 때문입니다. 그래서 말을 하면서 자라나는 학생들에게 글을 쓰게 하는 교육은 학생들을 가장 잘 자라나게 하는 귀한 교육이 될 수밖에 없습니다.

글쓰기 교육은 국어과에서만 가르치는 작은 갈래가 아닙니다.

글쓰기는 국어과 영역에 속해 있고, 쓰기 책도 따로 만들어서 가르치고 있지만 국어 시간에만 가르치는 작은 갈래가 아닙니다. 모든 교과 교육을 할 수 있는 기초 능력이면서 모든 교과 교육을 마무리하는 최고 능력이기도 합니다. 나아가 삶을 가꾸는 가장 중요한 교육 방법입니다.

글쓰기 교육은 삶을 가꾸는 길입니다.

자기를 나타내는 글쓰기는 세상을 살아가면서 보고 겪은 일들을 달리 짜 맞추거나 고치거나 보태거나 줄이거나 하지 않고 본 그대로, 들은 그대로, 한 그대로, 느끼고 생각한 그대로, 정직하게 보여 주는 글쓰기입니다. 이런 생활을 바탕으로 쓰는 글, 자기 삶을 나타내는 방법으로 쓰는 글은 아이들이나 어른들이나 같은 목적과 같은 방법으로 쓰는 글입니다. 그런데 아이들과 달리 어른들이 쓰는 또 한 갈래의 글이 있습니다. 간접으로 자기를 나타내거나 남이 하고 싶은 말을 대신해서 쓰는 글입니다. 상상으로 지어내는 문학은 대부분 이런 글이 됩니다. 이렇게 간접으로 자기를 나타내는 '대리 표현'의 글쓰기는 요즘에 와서 사치한 말재주를 부리는 잘못된 글쓰기가 되기도 하여, 글이 삶과 떨어져 나가는 타락한 꼴을 보여 주기도 합니다. 이런 대리 표현의 글쓰기는 아이들 삶을 해칠 수 있습니다.

– 이오덕, 《글쓰기 어떻게 가르칠까》(보리)에서

글을 쓰며 얻은
세 가지

우리 반은 글을 많이 씁니다. 일기와 글똥누기를 날마다 쓰고, 책을 읽거나 이야기를 들으면 기억에 남는 것이나 마음에 든 생각을 글로 쓸 때가 많습니다. 교실 안팎에서 놀거나 겪은 일도 글로 남기곤 합니다. 토론을 하기 위해서 내 주장을 글로 씁니다. 참사랑땀 반은 왜 이리 글을 많이 쓸까요? 그 이유를 영근 샘은 반 학생과 학부모 들에게 아래와 같이 말합니다.

글을 쓴다는 건 뭘까요?

글을 쓰니 그냥 스쳐 지나갈 수 있는 것을 눈에 더 담아요. 그냥 보고 말 것을 유심히 봐요. 그 전보다 훨씬 더 관심을 갖고 보지요. 관심으로 보니 몰랐던 게 보이면서 마음을 움직이는 뭔가가 느껴져요. 마음에 뭔가 묵직하니 남아요. '감동'이지요. 그 감동을 글로 써요.
하고픈 말을 글로 써요. 즐거운 일부터 억울하고 속상하거나 화난 일도 글로 써요. 글을 쓰며 즐거운 일은 마음에 새겨져 오래 남아 살아가는 힘이자 살아온 기록이 돼요. 아프거나 속상한 일도 글로 써요. 억울함과 속상함이 글자를 따라 마음에서 흘러내려요. 속이 뻥 뚫려요.

글쓰기가 삶을 가꾸는 가장 좋은 수단이라고 말하는 까닭이지요. 그래서 저도 날마다 글을 써요. 어때요? 함께 써 보실래요?

우리 반 학생들과 글을 쓰며 얻은 것이 너무나 많습니다. 글을 쓰지 않을 때와는 너무나 다른 모습입니다. 얻은 것 중에서 세 가지만 찾았습니다. 아래 세 가지만으로도 글을 쓴 것은 아주 잘한 일이고, 앞으로도 계속 글을 쓰려 합니다.

첫째, 글 쓸 힘을 기릅니다

처음 글쓰기를 해 보자 했을 때 학생들이 싫어할 것이라 생각했습니다. 느닷없이 글감을 던져 주며 글을 쓰라 하면 누구든 싫어할 것 같습니다. 그런데 이제껏 제가 만난 글쓰기회 선생님들의 이야기를 들어 보면 학생들은 글쓰기를 싫어하지 않는다고 합니다. 물론 학생들과 글을 쓰기 위해 글감만 툭 하고 던져 주는 글쓰기회 선생님은 없습니다. 글을 쓸 수 있도록 글감을 몸으로 겪어 보게 합니다.

우리 반에서도 학생들과 글쓰기를 해 봅니다. 햇살이 유난히 좋은 4월 어느 날입니다. "우리 햇살 맞으러 나갈게요." 하며 영근 샘은 학생들과 교실을 나갑니다. 영근 샘과 학생들은 학교 둘레를 천천히 돌며 쏟아지는 햇살을 놓치지 않으려 애씁니다. 따뜻한 봄 햇살을 맞으며 땅에서 올라온 작은 풀꽃을 살핍니다. "저게 뭔지 아나요? 네. 제비꽃이라 해요. 앉아서 제비

꽃하고 인사해 보세요." 하며 제비꽃이랑 민들레꽃이랑 별꽃을 유심히 살핍니다.

밖에서 햇살을 마음껏 맞은 학생들과 교실에 와서 "우리가 밖에서 본 것을 그대로 글로 써 볼래요?" 하며 종이를 주고 글을 쓰게 합니다. 물론 처음에는 학생들이 무엇을 쓸지, 어떻게 쓸지 망설이기도 하고 어려워하기도 합니다. 이때, "조금 전에 나가서 본 것 중에서 마음에 남는 것이 뭐가 있나요?" 하고 묻습니다. 학생들은 이것저것 자기가 본 것을 말합니다. 친구들이 하는 말에 도움을 받아 글로 씁니다.

이렇게 쓰기 시작한 글은 이번 한 번으로 끝나지 않습니다. 꾸준히 나가서 학생들이 몸과 마음으로 직접 겪으며 쓸 거리를 가득 담을 수 있게 합니다. 가끔은 땀을 뻘뻘 흘리며 놀기도 합니다. 비가 오면 빗소리를 들으며 운동장을 한 바퀴 돕니다. 바람이 좋은 가을에는 책을 가지고 나가 나무 아래에서 책을 봅니다. 그 모습을 그대로 글로 씁니다.

글쓰기를 하며 우리 교실은 학급살이가 훨씬 풍성해지고 빛깔이 넘쳤습니다. 글을 쓰는 게 낯설던 학생들도 글 쓰는 과정이 주는 즐거움에 싫어하는 마음이 줄어듭니다. 어느덧 글은 버릇이 되어 그냥 쓰는 것이고, 학급살이는 여전히 즐거워 학생들은 좋아합니다.

둘째, 생각하는 힘을 기릅니다

교육과 관련한 여러 책이나 방송에서 우리나라 학생들이 자기 생각이 없다는 말을 합니다. 우리 학생들은 왜 생각하지 않을까요? 생각할 필요도 없이 그냥 외우기만 하면 되기 때문입니다. 생각할 여유도 없습니다. 학원에 숙제에 놀 시간도 없이 바쁩니다. 이런 학생들에게 생각할 틈을 주는 게 글쓰기입니다. 참사랑땀 반에서는 "네 생각이 뭐니?"라는 말을 자주 듣게 됩니다.

비 오는 날 학생들과 교실 밖으로 나갔습니다. 빗소리를 듣기도 하고, 우산 밖으로 손을 내어 손바닥에 비를 맞아 보기도 합니다. 걷다가 잠시 멈춰서 나뭇잎에 맺힌 빗방울을 봅니다. 빗방울을 만져 보기도 합니다. 비 맞은 나무 아래에서 우산을 잠시 내리고 나무를 흔들어 비를 흠뻑 맞아 보기도 합니다.

"비와 함께 있었던 것에서 하나만 잡아 글로 써 보세요." 학생들은 곰곰이 생각합니다. 머리를 교실 천장으로 돌리거나, 한쪽 손으로 얼굴을 받치거나, 눈을 감고서 무엇을 쓸지 생각하는 학생도 있습니다. 어떤 학생은 쓸거리가 바로 생각나지만, 어떤 학생은 무엇을 쓸지 생각이 잘 나지 않는 모양입니다.

무엇을 쓸지 생각하는 시간은 다 다르지만 모두 제각각 글감을 생각해서 글을 씁니다. 학생들이 글을 한가득 쏟아 냅니다. 생각하지 않으면 쏟아 낼 수 없습니다. 어떤 학생은 빗방울 만진 것을 생각하고는 그 생각을 글로 쏟아 냅니다. 이렇게 빗방울로 글을 쓴 학생이 집에 가는 길에 걸음을 잠시 멈춥니다. 나뭇잎이나 풀에 맺힌 빗방울을 유심히 살핍니다. 학교에서 봤던 빗방울을 떠올리며 잠시 멈춰서 빗방울을 봅니다. 학생은 무슨 생각을 할까요?

학생들은 글을 쓸 때 생각합니다. '무엇을 쓰지?' 하고 생각하는 모습이 좋습니다. '아, 이거 쓰면 되겠다.' 하고 생각을 글로 씁니다. 글을 쓰면서도 생각은 꼬리에 꼬리를 뭅니다. 글을 썼다고 생각이 멈추거나 끝난 게 아닙니다. 글을 쓴 것과 같거나 비슷한 것을 보면 그때 생각이 떠올라 조금 더 유심히 살핍니다. 이렇듯 생각은 글을 따라 돌고 돌며 쌓입니다.

셋째, 아픔을 이겨낼 힘을 얻습니다

우리 학생들이 갈수록 힘듭니다. 공부로 스트레스가 큽니다. 학생들이 이렇게 힘들고 아프니 선생님들도 덩달아 힘듭니다. 몸과 마음이 아픈 아이들에게 글을 쓰는 것은 스트레스를 푸는 좋은 방법입니다.

어느 날 ○○가 무척이나 슬프게 웁니다. 세상을 다 잃은 것 같이 슬픈 눈물입니다. 세상에 더 큰 억울함이 없을 것 같은 눈물입니다. 또 우는구나 하며 눈물이 잦아들기를 기다리며 보고 있습니다. 제 뜻대로 안 되면 잘 우는 학생이라 하루에 몇 번씩 울기도 합니다. 시간이 가면 눈물이 잦아들지만, 한번 크게 울면 대책이 없습니다. 이날이 그날인가보다 하고 뒀습니다.

그런데 시간이 지나도 그 울음이 그치지 않습니다. 원래 눈물이 많지만 금세 잊고 웃으며 지내는데, 오늘은 쉬이 눈물이 그치지 않습니다. ○○를 불러 내 곁에 앉게 했습니다. 눈물에 콧물까지 흘리며 웁니다. "왜?" 하고 묻지만 대답을 안 합니다. 역시나 말로 풀어낼 상황이 아닙니다.

"자, 있었던 이야기를 글로 써 보세요." 하니, 머리를 흔들며 "뭘 써요?" 합니다. "있었던 일을 쓰세요." 하니, "아, 뭘 쓰란 말이야." 하고는 가만히 있습니다.

그렇게 시간이 흐릅니다. 가끔 보면 계속 눈물만 흘리고 있습니다. 어떻게 할까 망설여집니다. '아니다. 글쓰기에는 힘이 있다. 기다리자.' 2004년 글쓰기를 시작하고서부터 영근 샘 마음에 가지고 있는 '글쓰기가 가진 힘'을 믿고 기다립니다.

　10분이 더 흘렀을까요? 살짝 보니 글을 씁니다. 눈물이 잦아들었고 글을 바르게 씁니다. 또박또박 씁니다. 시간이 더 흘렀습니다. "다 썼어요." 하고 글을 건넵니다. 받아서 보니 있었던 일을 하나하나 썼습니다. "자, 앞으로는 어떻게 할 것인지도 써 보세요." 눈물은 없고 앞으로 어떻게 할지 쓰고 있습니다. 그렇게 글을 쓰고 나니 다시 보통 때 모습입니다. 자기 자리로 돌아가서는 평소 모습으로 지냅니다. 집에 갈 때, "내일은 더 잘할게요." 합니다. 영근 샘도 꼭 껴안아 주며 고맙다고 했습니다.

2장

글똥누기

- 아침을 여는 글 -

"아이들이 글 쓰는 걸 부담스러워해요."
"글똥누기를 해요. 똥이 아니라 글똥이요."

아침이면 많은 선생님들이 학생들에게 글을 쓰게 합니다. 아침마다 글을 쓰는 게 부담스러운 학생들을 위해 한 줄이든 두 줄이든 줄 수를 정하기도 하고, 마음껏 쓰라 하기도 합니다. 처음 글쓰기를 만난 학생들은 낯설어하고 귀찮아하다가도 어느덧 버릇이 되어 부담 없이 씁니다.

우리 반은 이런 아침 글쓰기를 '글똥누기'라 합니다. 해마다 학생들과 아침 글쓰기를 하다가 어느 때에 1학년을 만났습니다. 아직 글자도 제대로 쓸 줄 모르는 1학년 학생들에게도 글쓰기가 즐거움이었으면 했습니다. 그래서 학생들이 좋아할 수 있는 것을 찾다가 '똥'을 생각했습니다.

영근 샘은 3월 첫날에 학생들에게 책을 한 권 읽어 줍니다. 어떤 책이 좋을까 궁리하다가 고른 책이 권정생 작가의 《강아지똥》입니다. '세상에는 가치 없는 게 하나도 없다'는 책의 내용이 좋아 같은 반으로 만난 우리 모두가 소중하다는 말을 하려고 이 책을 3월 첫날에 읽습니다.

책을 읽어 주며 학생들과 이런저런 이야기를 나눕니다. 《강아지똥》으로 이야기를 나눌 때, 학생들이 하나같이 웃으며 좋아하는 게 '똥' 이야기입니다. 오늘 아침에 똥은 누고 왔는지 물으면 학생들은 "와" 소리치며 웃습니다. 조금 더 나아가 강아지똥(개똥)을 본 적이 있는지, 어떻게 생겼는지 이야기하면 학생들은 배꼽을 잡습니다.

"여러분, 글똥누기를 하려 해요."

"똥누기요?"

"하하하. 누는 건 맞아요. 다만 똥이 아니라 글똥이에요."

"글똥이요?"

"네. 글똥. 내가 먹은 것을 똥으로 누듯 내가 산 모습을 글똥으로 눠요."

"어디에다 눠요."

"그래서 준비했어요. 여러분 앞에 있는 수첩이요."

글똥누기라 한 까닭

글쓰기는 똥누기를 닮았습니다.

첫째, 잘 먹어야 좋은 똥을 누듯 잘 살아야 좋은 글을 씁니다.

둘째, 똥을 누고 싶을 때 누듯 글도 쓰고 싶을 때 씁니다.

셋째, 똥을 누면 개운하듯 글을 쓰면 즐거움이 있습니다.

1

글똥누기,
어떻게 시작할까?

준비하기

　2월에는 새 학년 맞을 준비로 많이 바쁩니다. 교실 청소에 정리까지 할 게 많습니다. 교실 정리를 마치면 교육과정을 살핍니다. 이렇게 바쁜 2월이지만 개학 전날에는 학교에 갑니다. 마지막으로 교실을 한 번 더 살펴보고, 학생 자리마다 준비한 것을 올려 두기 위함입니다.

　영근 샘은 개학 전날 읽을 책, 일기장, 글똥누기 수첩을 책상 위에 올려 둡니다. 미리 사 둔 수첩에 '글똥누기'라고 붙이고, 학생들 이름도 씁니다.

영근 샘의 글쓰기 수업

첫날

개학 첫날 교실로 들어온 학생들은 어디에 앉을지 두리번거립니다.

"책상 위 이름을 보고 찾아 앉으세요."

학생들은 교실 이곳저곳을 다니며 글똥누기에서 자기 이름을 찾습니다. 이름을 찾은 학생은 그 자리에 앉습니다. 한두 주 동안 계속 앉을 자리입니다. 참고로 우리 반은 번호 차례로 한두 주를 살다가 모둠살이로 넘어갑니다.

학생들과 인사를 나눕니다. 영근 샘 소개도 합니다. 학교에서 하는 시업식도 합니다. 영근 샘이 준비한 노래도 불러 줍니다. 그림책도 한 권 읽습니다. 긴장 가득하던 얼굴이 조금은 풀립니다.

셋째 시간, "여러분, 책상 위에 뭐가 보이나요?" 하고 묻습니다.

"수첩이요."

"이름이 뭐지요?"

"글똥누기요."

"글똥누기가 뭔지 말해 줄게요. 글똥누기는 날마다 아침에 쓰는 글이에요. 오늘도 첫날 글똥누기를 지금 쓸 거예요. 여러분들이 글똥누기를 쓸 때 가장 고민하는 게 무엇을 쓸까 하는 거죠? 생각해 봐요. 집에서 일어나 있었던 일도 좋고, 내가 한 일도 좋고, 식구와 주고받은 말도 좋아요. 집에서 나와 학교 오는 길에 본 것, 들은 것 같은 겪은 것도 참 좋아요. 오는 길에 나무나 풀을 본 이야기도 좋고, 둘레에서 일어나는 일을 써도 좋아요. 학교 오는 길에 혼자였다면 혼자서 한 생각도 좋고, 친구랑 같이 왔다면 친구랑 있었던 일도 좋아요. 학교, 교실에 들어와서 했던 일도 좋아요. 좋았던 것만 쓰지 않아도 돼요. 혼났거나 속상했던 일도 좋아요."

그러고는 바로 써 보자고 꼬드깁니다.

"자, 첫 줄에는 날짜를 먼저 써요. 날짜를 쓸 때는 괄호로 해요. 오늘이 3월 2일이니 3/2로 써요. 그리고 그 옆에 하고픈 말을 써요. 길이는 길어도 짧아도 좋아요. 하고픈 말을 솔직하게 쓰되 정성껏 쓰면 좋겠어요. 그럼 우리도 써 볼까요?"

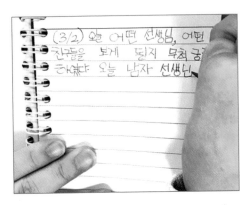

(3/2) 올 어떤 선생님, 어떤 친구들을 보게 될지 무척 궁금하다. 오늘 남자 선생님

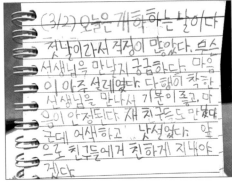

(3/2) 오늘은 개학하는 날이다. 첫날이라서 걱정이 많았다. 무슨 선생님을 만날지 궁금하다. 마음이 아주 설레였다. 다행이 착한 선생님을 만나서 기분이 좋고, 마음이 안정된다. 새 친구들도 만났다. 근데 어색하고 낯설었다. 앞으로 친구들에게 친하게 지내야겠다.

(3/2) 4학년 선생님을 봤는데. 너무 무섭다. 근데 시간이 지나니 4학년 선생님이 안 무섭고 재미있다. 근데... 화내면 너무 무섭겠다

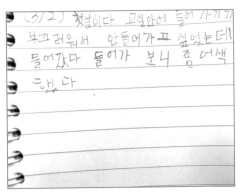

(3/2) 첫날이다. 교실안에 들어 가기가 부끄러워서 안 들어가고 싶었는데 들어갔다. 들어가 보니 좀 어색했다

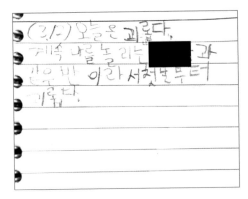

(3/2) 오늘은 괴롭다. 계속 나를 놀리는 █████과 █████ 이란 새끼한테부터 괴롭다.

(3/2) 오늘은 4학년이 되니 기쁘지만 일어나 예쁜 옷을 끌라 입고 학교에 갔다. 학교에 가나가 내가 횡단보도 앞까지 오다가 강아지가 길가에 오줌을 누는 것을 보았다.

글똥누기 보기

"다 쓴 학생은 선생님에게 가져와 볼래요?"

학생들은 자기가 쓴 글똥누기를 가지고 나와서 영근 샘에게 보여 줍니다. "너무 부담 갖지 마세요. 우리 잘 살 수 있어요." "영근 샘도 좋아요. 고마워요." "우리 잘해 봐요." 하며 글똥누기를 읽고 맞장구칩니다. 영근 샘에게 보여 준 학생들은 글똥누기를 가지고 자기 자리로 갑니다. 날마다 아침이면 학생들은 글똥누기를 쓰고 영근 샘에게 보여 줍니다.

"선생님, 아침에 어떻게 학생들 글똥누기를 모두 보세요?"

토론공부모임을 하는데 후배 선생님이 영근 샘에게 물었습니다.

"네. 되도록 모두 보려고 애써요. 보여 줄 때마다 제 학급살이 기록지에 표시를 해요. 아침 시간이 지났는데 보여 주지 못한 학생은 쉬는 시간이나 점심시간에라도 보여 달라고 해요. 그렇게 해야 저도 한 번이라도 학생들을 더 만날 수 있고, 학생도 글똥누기가 버릇이 될 수 있을 테니까요."

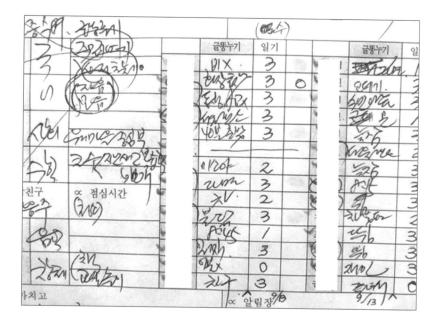

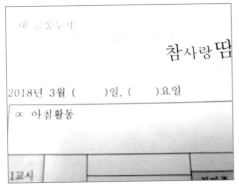
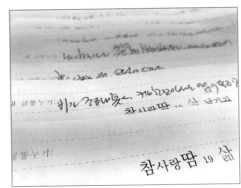

글똥누기 함께 쓰기

"아이들과 글똥누기를 시작하면서 저도 같이 쓰는데 정말 힘들더라고
요. 무엇을 써야 할지부터 고민이었어요. 그래서 학생들의 어려움을 생각하
게 되었고, 조금 더 정성껏 학생들의 글을 보게 되었어요."

영근 샘도 글똥누기를 10년이 넘게 해 오면서 학생들과 함께 쓰려고 여
러 번 시도를 해 봤습니다. 학생들과 같은 수첩에 제 이름을 쓰고 시작하는
데 늘 실패했습니다. 그러다가 글똥누기 쓰는 방법을 바꿨습니다. 제 하루
기록지(참사랑땀 삶 남기기)에 글똥누기 칸을 만들었습니다. 날마다 아침이
면 기록지를 펴고 하루를 준비합니다. 그리고 가장 먼저 글똥누기를 한 줄
남깁니다. 그러면서는 날마다 쓰고 있습니다.

글똥누기, 뭐 써요?

"선생님, 뭐 써요?"
글똥누기나 글쓰기를 지도할 때 가장 많이 듣는 말입니다. 학기 초 글

영근 샘의 글쓰기 수업

똥누기를 처음 할 때와 익숙해진 뒤 학생들에게 하는 도움 방법이 조금 다릅니다. 글똥누기를 처음 할 때는 제가 도와줍니다. "네가 한 말, 네가 하고픈 말을 글로 써 보렴.", "○○야, 조금 전에 네가 **에게 한 말을 그대로 써 보렴." 하는 말로 돕습니다.

글쓰기를 두려워하는 학생들도 말하는 데는 주저함이 없습니다. 어리면 어릴수록 더 그렇습니다. 교실로 들어선 학생들은 선생님이나 친구에게 묻지도 않은 말을 쏟아 냅니다. "선생님, 있잖아요."로 시작한 말은 술술 이어집니다. 이렇게 하고픈 말을 글로 나타내 보라 합니다.

글똥누기를 시작한 지 시간이 많이 지났는데도 여전히 무엇을 쓸지 고민인 학생도 있습니다. "선생님, 쓸 게 없어요." 하고 말합니다. 이런 학생들에게는 두 가지 방법으로 돕습니다.

첫 번째는 다른 학생들에게 묻습니다. "여러분, 오늘 무슨 이야기를 글

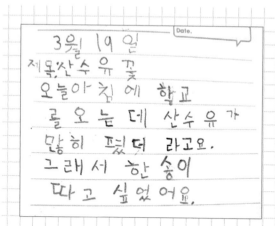

1학년 여학생이 쓴 글입니다. 학교 오는 길에 산수유 노란 꽃을 보았습니다. 예쁜 꽃입니다. 그 꽃을 한 송이 따고 싶습니다. 글을 읽으면 학생이 하는 말이 들립니다. 이야기해 주는 듯합니다. 글을 쓰기 진닐, 학생들을 네리고 나들이 나가서 산수유 꽃을 같이 봤습니다. 학생들은 '탕수육'이라 불렀습니다.

똥누기에 썼나요?" 하고 말이죠. 학생들은 "학교에 오면서 본 것을 썼어요.", "집에서 엄마가 한 말을 썼어요.", "학교 오면서 만난 친구 이야기를 썼어요." 하며 돕습니다.

다른 방법은 학생들이 쓴 글똥누기를 자주 소개하는 것입니다. 또래 친구, 반 친구가 쓴 글을 자주 듣거나 읽는 것은 학생들 글쓰기 지도에서 가장 좋은 방법입니다. 글똥누기를 자주 읽어 주면 같은 것을 보고도 다르게 쓸 수 있다는 것을 알려 줄 수 있습니다. 다만 이때 글똥누기를 쓴 학생에게 읽어 줘도 좋을지 물어보고 동의하면 읽어 줍니다.

글똥누기 쓰는 작은 수첩은 이런 게 좋아요

1. 가로로 펼치는 것
2. 줄 간격이 넓은 것
3. 줄공책을 반으로 갈라서 써도 좋아요.

글똥누기,
삶을 담은 작은 그릇

친구

단짝은 언제라도 함께하면 좋습니다. 학생들은 단짝과 학교 오는 길도 함께하려고 시간을 맞추기까지 합니다. 이렇게 함께 오는 길은 즐겁습니다.

아침에 일어나 학교에 가려 뚜벅뚜벅 걷습니다. 앞에 우리 반 친구가 보입니다. 친구를 불러 같이 이야기 나누며 기분 좋게 학교로 옵니다. 이렇게

(9/18, 목)
오늘 아침에 오랜만에 수건이랑
같이 학교에 갔다. 오랜만에 같이 가니
외롭지 않고 이야기할 수 있어 좋았다.
저번에는 수건이가 아침기타동아리연습때
문에 같이 못왔었다.

파이팅

5/25
오늘은 학교 오는길에 현주를 만나 같이
왔다. 혼자오면 심심한데 같이오니
좋다.

9/10
나는 빠르리 준비를 하고 나왔다.
우리반의 ○○를 들고 가는데
친구가 같이 놀아주었다. 친구는
친구들을 잘도와주는 친구같다.

도착해 쓴 글똥누기에는 둘이 함께 걸은 즐거움이 있습니다.

친구가 기타를 들고 가는데 힘들어 보입니다. 기타를 대신 들어 주기도
합니다. 고맙다며 좋아하는 친구 말에 덩달아 기분이 좋습니다. 우유 담당
학생은 교실 가는 길에 우유를 챙겨서 들고 옵니다. 가방을 메고, 실내화
주머니까지 있습니다. 실내화 주머니를 우유 상자에 올리고 들었는데 힘이
듭니다. 그때 친구가 한쪽을 들어 줍니다. 고마움을 잊지 않으려 글똥누기
에 담습니다. 학교 오는 길에 만나는 친구 모습이 글똥누기에 고스란히 있
습니다.

호연이가 글똥누기를 보여 줍니다. 글똥누기를 보니 줄넘기를 하다가
발목이 삐어 발목 보호대를 차고 왔다고 합니다. "어디?" 하고 묻자 발목을
보여 주는데 정말 발목 보호대를 단단히 묶었습니다.

"안 아프나?"

"네. 지금은 괜찮아요."

"조심해라."

글똥누기를 쓰는 까닭입니다. 아픈 것을 보여 줄 수 있고 알아챌 수 있
으니까요. 잠시 뒤, 수민이가 글똥누기를 보여 줍니다. 호연이가 발목이 다
친 것 같아 속상하다고 합니다. "아이고, 고마워라." 했습니다.

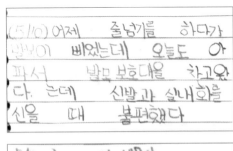

영근 샘의 글쓰기 수업

"호연아, 이리 와 봐."

호연이와 수민이에게 글똥누기를 바꿔서 읽어 보라고 했습니다. 둘이 씩 웃습니다. "둘이 서 봐라. 아니다. 어깨동무 해 봐라. 사진 한 장 남기자." 하고 사진을 찍어 줬습니다.

하늘

하늘은 날마다 다른 모습입니다. 어느 때는 구름 한 점 없고, 어느 때는 구름이 하늘을 가득 덮습니다. 구름도 다 다릅니다. 먹구름이 끼어 비가 올 것 같기도 하고, 뭉게구름이 몽실몽실 피어오르기도 합니다.

학교 오는 학생들 눈에 구름이 들어옵니다. 잠깐 본 하늘이지만 구름이 양떼 모양으로 참 예쁩니다. 그런 구름이 마음에 와닿습니다. 학교 오는 길에 구름이 동무가 될 수도 있습니다. 학교 오는 길에 구름이 마음을 포근하게 합니다. 이런 마음을 놓치지 않고 글로 담은 학생 손이 더없이 곱기만 합니다.

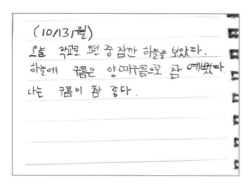

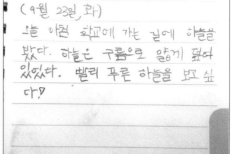

꽃

학교 오가는 길에 꽃이 보입니다. 꽃을 본다는 건 학생들 감각이 살아 있다는 뜻이기도 합니다. 요즘 우리 학생들은 바빠서, 스마트폰에 빠져서 둘레 자연 변화를 잘 못 느낍니다. 그런데 우리 학생들 눈에 둘레 꽃이 보입니다. 글을 쓰는 사람은 둘레를 조금 더 관심을 갖고 살피는 힘이 생깁니다.

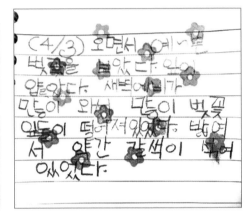

꽃

_ 이영근

아파트에서 나와 아스팔트로 걷지만

학교 오는 길옆에도 꽃이 피었다.

이 꽃들이 학생들 따라 교실로 왔다.

연필 따라 글똥누기에 톡톡 피었다.

글똥누기에 꽃 이야기를 계속 쓰는 학생들이 있었습니다. 둘레 꽃을 정성껏 보는 모습이 참 예쁜 학생들입니다. 며칠 동안 꽃을 글똥누기에 붙입니다. 꽃을 사랑하는 학생답게 꺾지 않고 주워서 붙입니다.

"선생님, 이거요."

둘이 함께 나에게 손을 내밀었습니다. 작디작은 손에, 희디흰 손에 꽃이 하나 있습니다.

"나 주려고?"

"네." 하는 대답에는 수줍음이 있습니다. 그러면서 환하게 웃습니다.

"와, 고맙다. 이거 어디서 주웠는데?"

"저기 공원에서요. 공원에서 주워 교실까지 가져왔어요."

글똥누기 수첩에 붙어 있는 꽃을 보았을 때는 몰랐는데, 학생이 준 꽃

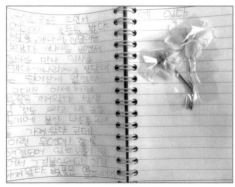
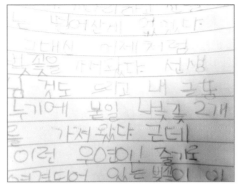

을 보니 학생들이 조심조심 꽃을 가져왔을 모습이 그려져 고맙습니다. 신발을 갈아 신을 때도 꽃이 망가지지 않게 조심조심했을 겁니다.

"나 줘도 되나?"

"네. 저는 또 있어요."

"그래? 고맙다. 사진 한 장 찍자."

꽃을 칠판 구석에 뒀습니다. 꽃은 바짝 말랐습니다. 마른 꽃은 자연에 돌려줘야겠습니다. 이번 봄이 다 가기 전에, 꽃잎이 없어지기 전에, 나도 몇 송이 주워서 이 학생들 손에 줬습니다.

비

새벽에 일어나니 비가 많이 옵니다. 학교 가려고 나서는데도 비가 그치지 않습니다. 비를 맞으며 뛰었습니다. "아, 좋다." 하는 소리가 절로 납니다. 교실에 들어와 칠판의 '영근 샘 편지'에 바로 썼습니다.

학생들이 옵니다. 학생들 글똥누기에 비 이야기가 많습니다. 하나같이

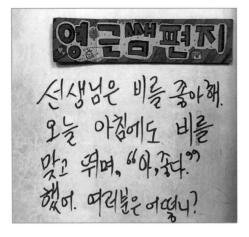

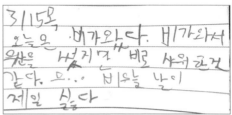

영근 샘의 글쓰기 수업

비가 싫다 합니다. 옷이 젖어서 싫고, 가방이 젖어서 싫다 합니다. 지렁이가
나와서 싫기도 합니다.

"선생님은 비를 좋아하는데." 비가 싫다는 학생들에게 하는 말입니다.

"저는 비 맞는 게 싫어요."

"난 좋아해. 오늘도 비 맞고 왔는걸."

"정말요?"

"그럼. 머리 만져 봐."

"와, 진짜네."

옆에서 다른 학생들도 내 머리를 만집니다. 조금만 더 시간이 흐르길 바
랍니다. 날이 조금만 풀려 비 맞으러, 빗소리를 들으러, 빗방울 찾으러 다닐
겁니다.

지렁이를 만졌다.

지렁이가 꿈틀거렸다.

내가 "울라툴라슐라슐라" 했더니

박자에 맞춰 꿈틀거렸다.

내가 지렁이 조련사가 된 것 같다.

(참사랑땀 1학년 정영은)

1학년 영은이가 지렁이와 함께 놀고서 쓴 글똥누기입니다. 비가 온 뒤
지렁이가 반가워 쪼그리고 앉아 지렁이를 봅니다. 만져도 봅니다. 지렁이는
놀란 마음에 몸을 비틀며 움직입니다. 영은이가 "울라툴라슐라슐라" 하니
소리에 맞춰 움직입니다. 영은이는 자기 말에 맞춰 움직이는 지렁이를 보며

조련사가 된 것 같다는 생각이 들었습니다.

여름이 가까워지는 비 오는 날, 우리는 교실 밖으로 나갑니다. 비를 맞기도 합니다. 빗소리를 듣기도 합니다. 운동장을 돌며 비에 젖은 풀이며 나무를 살핍니다. 가끔은 맨발로 비에 젖은 운동장을 걷기도 합니다.

비 오는 여름에 학생들이 오더니, "선생님, 홀딱 젖었어요." 하며 젖은 옷이며 머리카락을 보여 주고는 자리에 돌아가 하루를 준비합니다. 일부러 맞지는 않았지만 비가 싫다는 말은 많이 줄었습니다. 글똥누기에도 비가 좋다는 이야기가 많습니다.

비 오는 날, 학생이 쓴 글을 읽고 잠시 대답을 잊었습니다. 무슨 말을 해야 할지 멈칫 했습니다. 비가 내려 강처럼 흐른다면 물이 어디로 갈지 묻는 글입니다. 흘러가는 물을 보며 궁금했던 모양인데, "그래, 어디로 갈지 나도 궁금하네." 하는 맞장구만 했습니다.

또 다른 학생 글에도 잠시 눈이 멈췄습니다. 글자는 삐뚤빼뚤한데 글이 좋아 잠시 멈췄습니다. 내리는 비를 고개 들어 봤다는 게 좋습니다. 비를 보니 비가 뭉쳐서 내린다고 합니다.

"비가 뭉쳐서 내리더나?"

"네. 비가 뭉쳐서 내려요."

언제 저도 내리는 비를 고개 들어 봐야겠습니다.

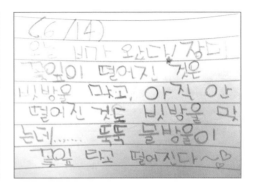

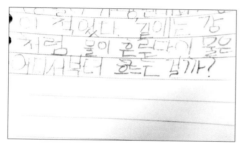

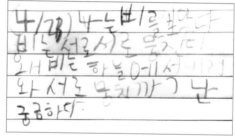

학교 가기 싫다

9시 5분이면 글똥누기 보는 것을 마치고, 하루를 시작하는 이야기를 나눕니다. "자, 5분 남았네요. 글똥누기 안 보여 준 사람 가져오세요." 세 학생이 그때까지 보여 주지 못했습니다. 쉬는 시간에 보여 달라 하고 하루를 시작합니다.

쉬는 시간에 스스로 가져오는 학생도 있고, 그러지 못한 학생도 있습니다. 쉬는 시간에도 안 가져오기에, "○○야, 글똥누기 보여 주세요." 하고 말했습니다. 주저하며 가져온 글을 보니 학교를 가야 해서 슬프다고 합니다. 학교 오기 싫었다고 합니다. 글똥누기를 아침마다 보는 까닭, 봐야 하는 까닭이 이런 속마음을 알기 위함이기도 합니다.

"왜 학교 오기 싫었는지 한 줄 더 써 줄래?"

돌아가서 자리에 앉았는데 글똥누기도 덮고 글로 쓰지 않습니다. 글을 쓰기에는 힘이 모자라는 학생 같아 보입니다.

"○○야, 이리 와 볼래?" 조심스레 물었습니다.

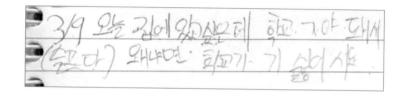

"학교 오기가 왜 싫었어?"

말을 하지 않고 몸을 비비꼽니다.

"아니. 그냥 궁금해서 뭐 때문인지. 학교가 싫니?"

"학교가 싫은 건 아니고요. 더 자고 싶었어요."

"아, 자다가 일어나 학교에 오려니 힘들었구나?"

걱정하던 마음이 조금 가라앉았습니다.

"그런데 학교는 어때?"

"학교는 오면 공부만 하고."

"그래서 막 오고 싶지는 않구나."

고개를 끄덕입니다.

"그럼 학교가 더 재미있도록 내가 노력할게."

"네에~"

"너도 학교를 조금 더 즐겁게 올 수 있겠니?"

"네에~"

"우리 손가락 한번 걸래?" 하며 손가락을 내밉
니다. 손가락을 겁니다.

생일

만난 지 4일, 학교에 온 학생들이 글똥누기를 써서 영근 샘에게 보여 줍
니다. 호연이가 글똥누기를 보여 줍니다. "생일이구나. 축하해." 하고는 하트
를 하나 그렸습니다. 글똥누기 덕분에 생일을 알 수 있었습니다.

"자, 여러분 생일을 달력에 표시할게요."

학생들 한 명씩 날짜를 달력에 표시합니다.

"다음 호연이."

"3월 7일이요."

"오늘이네."

학생들이 놀랍니다. 첫 생일입니다. 생일 축하를 했습니다.

누구에게나 생일은 설렘이 있습니다. 학생들에게는 더 그렇습니다. 글똥누기에 '내 생일'이라는 글을 써 보여 줍니다. 그 글을 보고 "생일이구나. 축하해." 하는 것만으로도 학생은 좋아합니다. "얘들아, ○○가 생일이라네. 우리 축하해 줄까?" 하며 손뼉을 쳐 줍니다. 생일 축하 노래라도 불러 주면 더 좋아합니다. 내게 소중한 날을 함께 축하하니 좋습니다.

참사랑땀 반은 생일을 이렇게 축하합니다

1. 생일이 든 날 축하합니다.

2. 수업 마치기 10분 전에 축하합니다.

3. 생일인 학생을 불러내 옆에 서 게 합니다.

4. 노래를 한 곡 부릅니다(생일 축 하 노래, 학생이 듣고 싶은 노래).

5. 교실을 한 바퀴 돕니다(팔짱, 업기, 안기, 목마 태우기 따위).

6. 학생들은 생일 축하 노래를 부릅니다.

7. 칭찬 이불을 덮어 줍니다.

8. 생일 책을 줍니다(생일 책은 미리 돌려 친구들 편지를 담아 둔다).

9. 선생님이 선물을 줍니다(우리 반 선물은 연필, 지우개, 풀이다).

10. 다 같이 사진을 찍습니다.

새해 인사

학교마다 다르지만 갈수록 2월에 학교 오는 날을 줄이고 겨울방학을 길게 합니다. 그래서 새해를 반 친구들과 함께 맞이합니다. 1월 1일은 신정 이라 쉬는 날입니다. 아이들은 1월 2일에 새해를 맞이하는 마음, 새로운 마음으로 학교에 옵니다. 늘 오는 학교이지만 이렇게 새해 첫 학교 오는 길은 그 느낌이 조금은 다릅니다. 학생들은 글똥누기에 이런 마음을 담습니다.

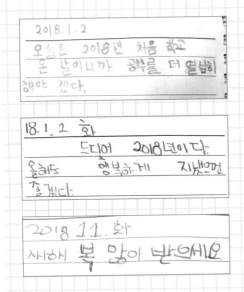

공부를 더 열심히 하겠다는 다짐을 합니다. 학생으로서 할 수 있는 다짐입니다. 공부가 먼저인 것 같아 아쉬움도 들지만, "그래. 새해 축하해." 하고 말했습니다.

행복하게 지냈으면 좋겠다는 학생도 있습니다. 제 바람도 마찬가지입니다. 세상의 모든 학생들이 건강하고 행복했으면 합니다. "그래. 나도 그래." 하고 맞장구를 칩니다.

새해 인사를 합니다. 다짐이나 바람도 좋지만 이렇게 속마음을 드러내기도 합니다.

헤어지는 날

학생들과 헤어지는 날입니다. 되도록 헤어지는 날까지 글똥누기를 하려 합니다. 만나는 첫날도 글똥누기를 썼듯 말입니다. 이는 글똥누기를 하루도 빠짐없이 쓰게 하려는 마음가짐입니다. 학기말이나 학년말에는 학교일로 바쁘다고 하던 것을 놓치기 쉽습니다. 이때 늘 하던 것을 놓치면 학생들도 분위기가 흐트러집니다. 늘 하던 것을 이어가기 위해 헤어지는 날까지 학생들은 글똥누기를 쓰고, 영근 샘은 글똥누기를 정성껏 봅니다.

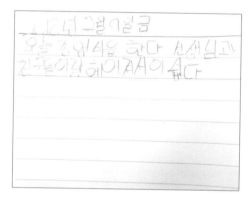

💡 학생의 몸과 마음의 상태 알아채기

글똥누기는 아침에 있었던 일, 학교 오면서 본 것이나 겪은 일을 주로 씁니다. 몸과 마음의 상태를 쓰기도 하고요. 무엇을 써도 괜찮습니다. 글을 다 쓴 학생은 영근 샘에게 가지고 와 보여 줍니다. 학생들이 쓴 글을 보면 학생들 삶이 보입니다. 아침에 혼나고 온 학생은 마음으로 안아 주고, 기쁜 일은 함께 기뻐합니다. 글똥누기는 글을 잘 쓰게 하기 위해서가 아니라, 학생들이 아침에 하고픈 말이 무엇인지 알아보기 위함입니다.

"선생님, 아침에 학생들 몸과 마음의 상태는 어떻게 알아보나요?"

연수에서 여쭤 보면 많은 선생님들이 '눈썰미'라 합니다. 눈썰미, 학생들의 몸과 마음의 상태를 제대로 알기에는 한계가 있죠.

우리 반에서 글똥누기를 하는 까닭은 아침마다 학생들의 몸과 마음의 상태를 알고 싶은 마음이 크기 때문입니다. 날마다 글을 쓰지만 글을 잘 쓰게 하려는 욕심은 없습니다. 학생들 글을 보면 누가 아픈지, 기분이 어떤지 알 수 있습니다. 그것만으로도 글똥누기는 꼭 필요합니다.

<9/15>
오늘 난 정말 피곤 하다.
하지만 학교 오는길에
상쾌한 공기와 시원한
바람 덕분에 잠이 거의 다
깼다. ✳ ∨

10/17
오늘은 처음으로 전학온 날이다
너무 많이 어색하다
어떻게 친구 사귀어야할지 모르겠다.
너무 많이 어렵다
애들이랑 많이 친해지고
싶다.

글똥누기, 이렇게 써요

1. 작은 수첩으로 개학 첫날부터 합니다.
2. 날짜를 쓰고 하고픈 말을 씁니다.
3. 어제 쓴 글에서 한 줄 띄우고 새로운 글을 씁니다.
4. 아침에 학생들이 하고픈 말을 솔직하게 씁니다.
5. 글을 쓴 학생들은 담임 선생님에게 바로 보여 주고 다시 가져갑니다.
6. 바깥나들이에서 보고 겪은 글을 글똥누기에 쓰기도 합니다.

3장

일기 쓰기

- 삶을 가꾸는 글 -

"일기장 보는 건 인권 침해 아닌가요?"
"일기 쓰기 교육을 인권에 맞게
해야 하는 것이죠."

2005년 3월 국가인권위원회는 '초등학교에서 일기를 강제적으로 작성하게 하고 이를 검사, 평가하는 것은 국제인권기준 및 헌법에서 보장하고 있는 아동의 사생활의 비밀과 자유, 양심의 자유 등 기본권을 침해할 우려가 크므로 이를 개선하고 초등학교의 일기 쓰기 교육이 아동인권에 부합하는 방식으로 개선될 수 있도록 지도, 감독해야 한다.'고 권고하였습니다. 이 권고는 다음과 같은 의미를 지닙니다.

첫째, 어린이 인권을 생각하는 계기가 되었습니다.

어린이 인권도 존중해야 한다는 생각을 갖게 했습니다. 이 권고가 '일기 쓰기를 하면 안 된다'는 식으로 잘못 알려진 것은 아쉽지만 어린이 인권을 생각하고 내린 결정으로 그 가치가 있다고 생각합니다.

둘째, 일기 쓰기는 어린이 인권을 지키며 해야 합니다.

위 권고에 나오듯 일기 쓰기 교육은 어린이 인권에 맞아야 합니다. 그러기 위해서는 교사와 학생 사이에 믿음이 있어야 합니다. 이런 믿음이 없다면 교사가 학생 일기를 보는 것은 말 그대로 검사에서 끝납니다. 검사만으로 끝나지 않고 학생들 삶을 성장하게끔 하는 일기가 되기 위해서는 일기를 쓸 때 아래 정도의 약속은 미리 정하는 것을 권합니다.

영근 샘의 글쓰기 수업

(1) 일기는 날마다 씁니다. 그러나 쓸 내용이 없으면 날짜만 써도 됩니다.

(2) 보여 주기 싫어 접어 두거나 별 표시를 하면 읽지 않습니다.

(3) 일기 내용으로 탓하거나 평가하지 않습니다.

(4) 학생에게 물어보지 않고 일기 내용을 공개하지 않습니다(일기 지도할 때 동무의 글이 좋은 공부가 됩니다. 그러나 참고하라고 친구 일기를 읽어 줄 때도 글쓴이에게 꼭 물어보고 동의를 구한 다음에 읽어 줍니다.)

셋째, 글쓰기 교육이 목적이라면 일기가 아니라도 좋습니다.

글쓰기 교육은 국어 수업이나 다른 교육활동으로 지도할 영역입니다. 일기는 글을 잘 쓰게 하는 것이 목적이 아니라 삶을 소중하게 여기는 것을 목적으로 합니다. 학교에서 즐거운 활동을 하며 잘 지내다가도 친구 관계나 식구 간의 불화로 힘들어하는 학생들이 있습니다. 이런 힘듦을 풀어낼 공간, 이렇게 힘든 학생들을 살려 낼 수 있는 공간이 일기입니다. 학생들이 죽고 싶은 만큼 힘들 때 그 힘듦을 속 시원하게 말할 대상으로 일기장이 그 몫을 해 줄 수 있습니다.

일기 쓰기는 왜 실패하고 있는가?

1) 특별한 일을 쓰라고 하기 때문에

2) 글쓰기나 국어 공부를 시키려고 하기 때문에

3) 길게 쓰라고 하기 때문에

4) 잠자기 바로 전에 쓰기 때문에

5) 반성하는 일기를 쓰라고 하기 때문에

6) 사실만 쓰지 말고 생각이나 느낌을 많이 쓰라고 하기 때문에

7) 일기장에 있는 잡다한 틀 때문에

8) 일기 검사 때문에

9) 숙제로 쓰기 때문에

10) 대신 써 주기 때문에

11) 그림일기로 시작하기 때문에

12) 어른들이 일기 쓰는 모습을 보여 주지 않기 때문에

– 윤태규,《일기 쓰기 어떻게 시작할까?》(보리)에서

1

참사랑땀 반의
일기 쓰는 법

3월 첫날, 아이들 책상에는 일기장이 있습니다. 영근 샘의 첫 선물입니다. '삶을 가꾸는 일기'란 이름을 붙이고, 학생들 이름도 하나하나 다 붙인 일기장입니다. 학생들은 책상 위에 있는 일기장을 보며, '아, 우리 반은 일기를 날마다 쓰겠구나.' 하고 눈치챕니다. 맞습니다. 학생들 생각처럼 우리 반은 첫날부터 헤어지는 날까지 날마다 일기를 씁니다.

학생들에게 나눠 준 우리 반 일기장은 줄공책입니다. 첫날 칠판이나 컴퓨터로 줄공책에 일기 쓰는 방법을 안내합니다. 날짜 – 날씨 – 제목 – 내용의 차례로 쓰고 싶은 만큼 씁니다. 다음 날 새 일기를 쓸 때는 어제 일기에서 한 줄 띄우고 씁니다.

학생마다 일기 쓰는 모습은 다 다릅니다. 어떤 학생은 일기가 꼬리에 꼬리를 물어 아주 자세하고, 어떤 학생은 날마다 한 줄만 씁니다. 수업 시간에 참여가 적거나 친구들과 어울림이 안 좋은데도 일기는 아주 솔직하게 정성껏 쓰는 학생도 있어 놀라기도 합니다. 이런 학생은 담임 처지에서 신경이 쓰이는데 이렇게 써 준 일기가 그 학생을 이해하는 데 도움이 됩니다.

기성품 일기장이 가진 문제

파는 일기장은 일기를 쓰는 틀이 일정합니다. 이 틀이 문제입니다. 일기장 위를 보면 날씨를 하나로 동그라미 하게 되어 있습니다. 하루 날씨는 아침, 점심, 저녁이 다르고, 아침이라도 구름, 안개, 바람 같이 따져볼 게 많습니다. 일기로 쓸 수 있는 양도 정해져 있습니다. 쓸 게 적어도, 많아도 안 되는 일기장입니다. 학생들은 틀에 일기를 맞추다 보니 일기도 어떤 틀을 갖게 됩니다. 파는 일기장 아래에는 하루를 돌아보며 반성하는 내용을 날마다 쓰게 합니다. 그것 또한 학생들에게는 부담입니다.

첫 일기 쓰기

첫날, 학생들에게 일기장을 보게 합니다. "표지를 한번 읽어 볼래요?" 하며 표지에 써 둔 '삶을 가꾸는 일기'를 함께 소리 내어 읽습니다. 삶을 가꾸는 일기에 대해 잠시 이야기합니다.

"우리 반 일기는 숙제가 아니었으면 해요. 날마다 쓰는데 그냥 하루 살며 이거, 하고 담아 두고픈 것을 그대로 담아 주세요. 그렇게 담다 보면 여러분 삶이 저절로 가꿔질 테니까요."

"자, 지금 나눠 준 것을 일기장 앞에 붙이세요."

학생들에게 일기 쓰는 방법을 쓴 한 쪽짜리 종이를 나눠 줍니다. 윤태규 선생님의 《일기 쓰기 어떻게 시작할까?》를 참고해 만들었습니다. A4 반쪽 크기로 만든 종이는 일기장 앞표지 안쪽에 붙입니다. 한 줄 한 줄 읽으며 일기 쓰는 방법을 설명합니다.

1. 날짜 쓰기

줄공책에 어제 쓴 일기에서 한 줄 띄우고 또박또박 씁니다.

보기) 20○○년 3월 2일 ○요일

"여러분도 날짜를 이렇게 쓰고 있나요? (네.) 오늘은 첫 일기이니 맨 위에 날짜를 쓰세요. (네.) 내일 일기를 쓸 때는 오늘 일기에서 한 줄 띄우고 날짜를 쓰세요. 날짜 쓴 거 한번 보여 주세요. (아이들이 일기장을 들어 보입니다.)"

2. 날씨 쓰기

하루 날씨(기온, 구름, 바람, 비, 눈 따위)를 자세히 씁니다.

보기) 아침에 바람은 불지 않았으나 조금 쌀쌀했다. 두꺼운 옷을 입어도 떨렸다. 아침 해가 뜨면서 따뜻해지기 시작해서 점심 먹을 때쯤에는 아주 따뜻했다. 다섯째 체육 시간에는 땀이 났다. 저녁 무렵에는 바람이 조금 불었다. 학교 태극기가 펄럭였다. 밤 열 시쯤에는 비가 오기 시작했다.

"이 날씨는 우리 반, 참사랑땀 반이었던 1학년 학생이 쓴 날씨예요. 일기에 날씨를 이렇게 썼어요. 오늘 날씨를 말해 볼 사람 있나요? (몇몇이 오늘 날씨를 말합니다.) 지금 여러분이 말한 것처럼 하루 날씨를 글로 써 주면 돼요. 어떤 학생은 날씨로만 일기를 쓰기도 해요."

9월 16일

날씨 : 엄마가 "긴 바지 입고 가자."

"왜?"

"밖에 춥잖아."

"알겠어."

"엄마, 나 머리 풀래!"

"안 돼. 밥 먹으러 들어가면 덥잖아." (참사랑땀 1학년 서예림)

12월 26일

날씨 : 학교 교실에서 환기시키려고 문을 열어 놨을 땐 따뜻했다. 6시 16분에 친구 집을 갈 땐 아빠 차 안인데도 바람이 시원하게 불었다. 조금 전 친구 집에서 돌아올 땐 솜 잠바를 입었는데, 바람이 아~주~ 세차게 불고, 등에 땀이 있는데 땀이 다 마를 정도로 추웠다. (참사랑땀 1학년 이주현)

3. 겪은 일 생각하기

조용히 눈을 감고 하루 동안 보고 겪은 일을 생각해 봅니다.

보기) 아침에 풀잎 이슬을 봄, 지렁이를 봄, 청소를 잘해 칭찬받음, 나들이에서 산수유를 봄, 어머니가 음식을 함, 어머니에게 꾸중 들어 기분이 나쁨, 할아버지가 길을 물어 도와줌 따위.

"일기를 쓰려 할 때 아침부터 있었던 일을 떠올려야 해요. 아침부터 지금까지 있었던 일을 하나하나 떠올리며 머릿속으로 다시 겪어 보세요. 혹시 여러분도 일기 쓸 때 이렇게 하루를 떠올리며 쓰나요? (여럿이 손을 듭니다. 아주 잘하고 있다고 맞장구를 칩니다.)"

1월 25일

제목 : 집중해라. 집중!

'겪어 보기'를 하는데 도무지 '집중'이 안 된다. 그래서 이걸로 내용을 쓴다. 내가 겪어 보기를 하려고 하면 눈과 생각은 딴 데로 가버린다. 오늘은 다른 날보다 더 그랬다. 갑자기 쉬가 마려워서 화장실에 갔다. 화장실에서도 생각은 '오늘은 뭐로 일기 쓰지? 오늘 아침엔…… 오늘 아침에…… 엔…….' 하면서 또 눈은 딴 데로 가 있다. 그 겪어 보기 때문에 요즘엔 시간이 많이 걸리는 것이다. ㅇㅇ같은 애들은 시간이 30분 정도 밖에 안 걸리고 잘~ 쓰던데. 정말로 부럽다. 방에 와서도 '아아, 집중, 집중, 집중, 지이이입~ 주우우웅~. 아아아악!' 난 왜 이렇게 일기를 못쓰는지 모르겠다. 나도 겪어 보기를 할 때 꾸물거리지 않았으면 좋겠다.

(참사랑땀 1학년 이유진)

4. 일기 감 고르기

겪은 일에서 아래 잣대에 맞춰 고릅니다.

① 누구에게 꼭 말해 주고 싶은 것
② 누구에게도 말하고 싶지 않은 꼭꼭 숨기고 싶은 말
③ 억울하고, 답답하고, 괴롭고, 속상하고, 슬프고, 따지고 싶은 일

"일기로 무엇을 쓸지 정하는 걸 어려워하는 학생들이 있어요. 혹시 집에 가면 이러는 친구 있나요? '엄마, 있잖아. 오늘 학교에서…….' 이렇게요. 이때 여러분이 엄마에게 하려던 말, 그 말을 일기로 쓰면 돼요. 그리고 일기에 좋은 일만 쓰는 건 아니에요. 억울하고 속상한 일도 써 보세요. 혹시 그런 내용 써 본 사람 있나요? (넷이 손을 듭니다.) 쓰고 나면 기분이 어땠나요? ('시원했어요.'라는 말이 나옵니다.) 맞아요. 선생님도 속상하고 억울하고 화나

는 걸 일기로 써요. 그러면 ○○ 말처럼 속이 시원해요. 여러분도 누구에게
하고픈 말이나 억울하고 답답하고 속상한 일을 써 보도록 하세요."

제목 : 일기

오늘 선생님께서 2교시에 글똥누기와 일기에 대해 말씀해 주셨다. 먼저 글똥누
기는 쓰면서 하고픈 말을 솔직하게 말해 홀가분하다는 걸 느끼라고 하셨다. 또
선생님이 글똥누기를 보며 우리 기분을 알 수도 있다고 하셨다. 일기는 '이걸 써
야겠다'라는 생각이 들 때 쓰는 거라고 하셨다. 그런데 난 거의 다 야구나 농구
다. 왜냐하면 하는 게 야구, 농구고 가장 기억에 남는 게 야구, 농구이기 때문
이다. '이걸 써야겠다'라고 생각이 든 건 두 번인 것 같다. 난 거의 만날 무얼 쓸지
고민한다. '이걸 써야겠다'는 생각이 들 때를 빼고 말이다. 막상 생각이 나는 건
야구, 농구, 영어 학원 아니면 일기 쓰기 바로 전에 있었던 일이다. 나도 꼭 특별하
지 않더라도 일기거리가 있었으면 좋겠다. 선생님이 읽어 준 '지렁이' 일기처럼 말
이다. (참사랑땀 5학년 한○○)

5. 제목 정하기

날씨 다음 줄에 제목을 씁니다.

보기) 제목 : 지렁이

"일기 쓸 게 정해졌어요. 그럼 그걸 제목으로 써요. 어떤 때는 쓸 내용은
떠올랐는데 그걸 무슨 제목으로 쓸지 어려울 때가 있어요. 이때는 제목을
비워 두고 내용 먼저 쓰도록 하세요. 다 쓰고 나면 제목 잡기가 어렵지 않
거든요."

6. 일기 쓰기

겪은 차례대로 자세하게 씁니다.

① 때와 곳을 또렷하게 살려 씁니다.

② 주고받은 말을 그대로 살려 씁니다.

③ 그곳에 없었던 사람이 읽어도 알 수 있게 씁니다.

1월 14일

제목 : 없다, 없어!

오늘 일기장을 찾을려고 했는데 없다, 없어! 여기도 저기도 없다! 엄마한테 말해

야겠다. "엄~마!"

"왜?"

"엄마 일기장 없어."

"그걸 왜 엄마한테 물어! 문 닫어!"

"넹."

'콰광'

"살살 닫어!" (참사랑땀 1학년 김○○)

"자세하게 쓰는 게 쉽지는 않아요. 하나씩 설명할게요. 먼저 때와 곳을
또렷하게 써요. 여러분 일기에도 이런 게 있어요. '오늘 나는 친구와 놀아
기분이 좋았다.' 뭐가 궁금하나요? (언제인지, 어디서, 누구와, 무엇을) 맞아요.
'오늘'은 정확하게 언제인지를 써 주는 게 좋아요. 친구는 누구인지, 어디에
서 놀았는지도 자세하면 더 좋아요. 놀았는데 무엇을 하며 놀았고 무슨 일
이 있었는지 써 주면 그 기분이 드러나기도 해요."

"주고받는 말을 쓰면 좋아요. 오늘 아침에 **가 글똥누기에 '형이 엄마에게 혼났다'고 했어요. 이때 형과 엄마가 서로 한 말을 그대로 살려 써요. 선생님이 쓴다면 이렇게 쓸 것 같아요. (형이 학교 가려는데 엄마가 '너 교복 입어야지 체육복을 입니?' '학교에 두고 왔어요.' '교복을 학교에 두고 오면 어떡하니? 니가 학생이니?' '다 그런다 말이에요.' '어쨌든 내일은 가져와.' 형은 대답도 하지 않고 학교에 갔다.) 이렇게 싸우며 주고받는 말을 살려 쓰면 왜 싸웠는지가 그대로 드러나요."

"그곳에 없었던 사람이 알 수 있도록 쓰는 게 좋아요. 오늘 집에 가서 엄마에게 '엄마, 오늘 학교에서 재미있었어요.' 하고 말하면 엄마는 어떨까요? (뭐가 재미있는지 궁금해요.) 맞아요. 듣는 사람이 궁금하지 않게 말하듯, 일기도 읽는 사람이 궁금하지 않게 써요."

7. 다시 읽어 보며 다듬기

다시 읽어 보고 보태 쓰고 다듬어, 모자라는 곳이 없도록 합니다.
① 보태 쓸 곳에는 (지우지 않고 빈곳에) 그 부분만 자세하게 씁니다.
② 다시 읽으며 띄어쓰기, 틀린 글자, 우리 말 살려 쓰기 따위를 합니다.

"우리가 몇 학년이죠? (3학년이요.) 그럼 7번은 어려울 거예요. 이건 4학년 이상이 돼야 하더라고요. 그러니 참고만 하세요. 뭐냐면 일기를 쓰고 나서 자기가 쓴 걸 다시 읽는 건데 여러분에게는 조금 어려울 것 같아요. (그렇게 하는데요.)(저도 해요.)(저는 다시 읽고 틀린 글자도 고쳐요.) 그래요? 우와."

8. 날마다 꾸준히 씁니다

"여러분 날마다 일기 쓴 사람 있나요? (몇몇이 손을 듭니다.) 와, 대단하네요. 맞아요. 월요일부터 일요일까지 날마다 쓰는 게 일기예요. 이게 가장 중요하고 가장 어려워요. 집에 특별한 일, 예를 들면 아프거나 집안 행사가 있거나 여행을 가거나 할 때는 일기 쓸 수 있나요? (그때도 쓸 수 있다는 학생도 있습니다.) 물론 쓸 수도 있지만 그럴 때는 일기를 못 써도 좋으니 그 일에 더 마음을 쏟으세요. 그렇지만 그렇게 특별한 일이 아니라면 일기는 날마다 쓰는 게 좋아요. 선생님도 날마다 쓰고 있어요. 우리 함께 해 봐요."

일기장 보기

"여러분이 쓴 일기는 날마다 보도록 할게요. 여러분이 보여 주는 일기는 정성껏 볼게요. 선생님은 여러분 일기를 보는 것을 검사라 하고 싶지 않아요. 여러분의 일기를 정성껏 보기 위해 모으는 것으로 할게요."

우리 반은 학생들이 쓴 일기를 날마다 봅니다. 학생들은 아침에 학교에 오면 일기 모으는 곳에 넣습니다. 아침에 바로 보기도 하지만 주로 전담수업 시간에 학생들이 쓴 일기를 봅니다. 이렇게 일기를 볼 때 주의하는 것이 몇 가지 있습니다.

첫째, 일기장에서는 맞춤법과 띄어쓰기를 너무 신경 쓰지 않습니다. 일기장에 틀린 글자를 자꾸 표시하면 학생들이 글자를 틀릴까 봐 하고픈 말을 못 씁니다. 일기장은 국어 공부나 글쓰기 공책이 아닙니다. 그래서 일기에서 학생들이 무슨 말을 하고 싶은지에 눈과 마음을 더 둡니다.

둘째, 일기는 날마다 봅니다. 학생들에게 일기는 날마다 쓰는 것이라 했습니다. 그러니 학생들이 쓴 일기를 날마다 보는 것은 당연합니다. 날마다 학생들 일기를 봐야 학생들도 날마다 쓰는 버릇을 들일 수 있습니다. 물론 학생들이 쓴 일기를 날마다 보는 건 쉬운 일은 아닙니다. 학급살이가 바빠 학생들이 쓴 일기를 제대로 못 볼 때도 있습니다. 이럴 때는 '사랑해'라 쓰기만 할 때도 있습니다. 어떤 때는 "여러분, 미안. 오늘 바빠서 일기를 못 봤어요." 하며 돌려주기도 합니다.

　마지막으로 일기를 볼 때마다 짤막하게 글을 써 줍니다. 학생들이 쓴 일기를 볼 때면 일기 아래에 한 줄로 글을 씁니다. 아주 간단하고 짤막한 글입니다. 어떤 때는 '좋겠네' 하고 맞장구만 치기도 합니다. 학생들이 쓴 내용에 너무 깊이 들어가기보다 부담 없이 학생에게 말하듯 써 줍니다. 학생들은 일기장을 돌려받으면 선생님이 무슨 글을 썼는지부터 살핍니다. 학생들은 선생님이 짤막하게라도 쓴 글을 무척 좋아합니다.

일기 발표하기

자신이 쓴 글(일기)이 발표된다는 것은 학생들에게 큰 즐거움입니다. 발표하는 방법은 학급문집이나 신문 형태를 권합니다. 문집은 일기를 발표하는 가장 좋은 방법입니다. 문집은 내는 때에 따라 월간, 학기, 학년문집으로 나눕니다. 월간문집은 신문 형태로 호치키스로 찍어서 내고, 학기나 학년문집은 책 형태로 내는 게 보통입니다. 종이로 발표하는 즐거움과 다른 친구들이 쓴 일기를 함께 읽어 보는 것도 큰 즐거움입니다.

일기장 묶어 주기

일기장이 바뀔 때 칭찬해 주며 담임이 새 일기장을 선물합니다. 그러기 위해 우리 교실에서는 줄공책을 많이 준비해 둡니다. 이때 다 쓴 일기장은 한곳에 모아 둡니다. 학생에 따라서는 집에서 부모님이 모으기도 합니다. 학년 말에 학생들이 한 해 동안 쓴 일기장을 펀치로 뚫어 묶어 주면 학생에게는 소중한 개인 기록이 됩니다.

모둠일기 쓰기

모둠일기나 학급일기를 쓸 수도 있습니다. 이 일기는 담당 학생이 집에서 씁니다. 학생은 일기를 쓴 뒤 다음 날 학교에 가져옵니다. 학교에 가져오면 모둠 친구들에게 보여 줍니다. 일기를 읽은 친구들은 아래에 돌아가며 답글을 씁니다. 친구들 답글을 다 받은 모둠일기를 내면 선생도 답글을 달아 줍니다. 모둠일기나 학급일기를 집에서 썼을 때 부모님에게 보여주는 것도 좋습니다. 부모님은 아이가 쓴 일기를 보며 우리 반 학급살이를 엿볼 수 있습니다. 교실에서 일어나는 일을 알 수 있고 다른 어린이들의 생각을 알 수 있습니다. 부모님께서 답글을 쓴다면 학생들에게 색다른 즐거움이 되기도 합니다.

일기, 삶을 가꾸는
가장 좋은 도구

제목 : 기차 타고 저 멀리

요즘에 살기가 힘들어졌다. 매일 같은 일상, 매일 같은 꾸중. 가끔씩은 이런 일상에서 벗어나 나 혼자 기차 타고 저 멀리 가고 싶다. 요즘에 정신이 없다. 할 일도 많고, 하고 싶은 일도 많아서 꾸중도 듣는다. 그래서 선생님, 부모님의 꾸중이 없는 곳으로 나 혼자 기차 타고 저 멀리 가고 싶다. 아~ 힘들다. 주저앉고 싶다.

(참사랑땀 6학년 ○○○)

요즘 우리 학생들은 많이 바쁩니다. 늘 같은 일상(학교-학원-집)을 쳇바퀴 돌듯 다닙니다. 할 일(학원, 과제)도 많아 힘에 부치기까지 합니다. 이런 일상에서 잠시 벗어나거나 해야 할 일을 하지 않을 때는 어른들에게 꾸중을 듣습니다. 이 학생은 힘들어서 주저앉고 싶다고 합니다. 이렇게 일기로나마 힘든 마음을 드러내며 풀 수 있어 다행이라는 생각마저 듭니다.

제목 : 만 원

오늘 엄마가 택시를 타고 옷가게에 가자고 했다. 그래서 옷가게에 가려고 택시를 타고 가다가 옷가게에 다다랐을 때 엄마가 만 원을 요금으로 냈다. 내려서 거스름돈을 받고 잔돈을 확인하는데 그 사이에 만 원짜리가 있었다. 그래서 엄마는 막 출발하려고 하는 아저씨의 택시를 두드려 세운 다음 택시 아저씨께 만 원을 드렸다. 우리 엄마는 자랑스러운 엄마! (참사랑땀 1학년 김다혜)

엄마가 택시비 내는 모습을 1학년 학생이지만 유심히 살폈습니다. 만 원을 내고 거스름돈을 받는데 잔돈에 만 원짜리가 들었습니다. 엄마는 돈 만 원이 공짜로 들어왔다고 재수 좋다며 좋아하지 않고, 출발하려는 택시를 세워 만 원을 다시 돌려 드리고 있습니다. 이 모습을 본 다혜는 '우리 엄마는 자랑스러운 엄마'라 합니다. 어머니 모습을 글로 썼지만, 글로 쓰며 마음에 한 번 더 새깁니다. 아마도 다혜가 어른이 되어 이런 일이 생기면 엄마가 보인 모습 그대로 할 거라 생각됩니다.

제목 : 논

✱✱와 ○○랑 함께 논 쪽으로 갔다. 난 논 옆길로 갔다. 근데 논으로 가자고 해서 논으로 내려갔다. 가다가 논에 신발이 빠졌다. 발을 올리니 뒤가 진흙으로 칠해졌다. '어떡하지?' 하는 마음으로 집에 갔다. 엄마에게 혼날 거 같았다. 집과 가까워지면 가까워질수록 더 무서워졌다. 집에 와서 엄마에게 말하니, "업혀." 하고 날 업어 주셨다. 업힌 채로 욕실에 왔다. 양말과 바지를 바가지에 넣었다. 엄마에게 "왜 화 안 내?" 하니까 엄마가 "말해 봤자 뭐해."라고 했다. 말 안 들어서 좋은 건 처음이다. (참사랑땀 3학년 강다인)

학생들은 아직 서툰 게 많습니다. 서투니 실수도 많을 수밖에 없습니다. 실수하면 부모님께 혼날까 봐 마음이 조마조마합니다. 다인이도 그렇습니다. 논에서 발이 빠져 신발에 진흙이 다 묻어 엄마에게 혼날까 봐 걱정입니다. 걱정하며 집에 왔는데 엄마가 혼내기는커녕 업고서 욕실로 데리고 갑니다. 양말과 바지를 벗겨 주기까지 합니다. 화를 왜 안 내는지 물으니 화내서 뭐하니 합니다. 다인이에게는 오래 남을 어머니 사랑입니다.

제목 : 참 이상한 일

'아, 뭘로 쓰지?' 좀 전까지만 해도 난 머리를 쥐어짜며 일기를 무엇으로 쓸지 고민하고 있었다. 참 이상한 게 오늘은 한 일이 많았다. 한 일이 많을 땐 일기거리가 없고 한 일이 없을 땐 일기거리가 내 머리에서 넘쳐 나오는 날이 60%이다. 왜 그럴까? 참 희한하다. 영근 샘, 영근 샘은 일기에 대해 잘 아시니 답글로 왜 그런지 써 주세요. 부탁합니다. (참사랑땀 3학년 강효린)

학생들은 일기를 쓸 때마다 '뭐 쓰지?' 하고 생각합니다. 이렇게 생각하는 것만으로도 일기는 가치가 있다고 말할 수 있습니다. 그냥 흘러가 버릴 하루를 다시 돌아보며 생각하니 말입니다. 이렇게 생각하다가 뭐가 딱 떠오르면 한번에 와락 쏟아 내는 아이들입니다. 그런데 효린이는 겪은 건 많은데 일기로 쓰기 마땅하지 않아 고민이라며 저에게 묻습니다. "선생님은 평소에 이거 글로 써야지 하고 생각해. 그리고 그걸 일기로 써."라고 도움말을 했습니다. 저도 일기를 쓰니 할 수 있는 말이었습니다.

영근 샘의 글쓰기 수업

나는 이렇게 일기를 쓰고 있다

5학년 참사랑땀 반 학생들의 대답

- 밤늦게 쓰지만 날마다 쓴다.

- 꼬박꼬박 저녁에 날마다 쓴다.

- 저녁 늦게 써서 시간이 모자라 못 쓸 때가 있다.

- 하루하루 오늘 있었던 일을 생각해서 쓴다.

- 저녁에 자기 전에 하루 동안 있었던 일을 생각해 보고 꼬박꼬박 쓴다.

- 날마다 저녁 때 쓰면서 내 생활을 돌아본다.

- 하루에 제일 기억에 남는 일을 쓰면서 전에 쓴 일기를 가끔 본다.

- 날마다 다 쓰지 못하고 중요한 일이 있을 때 쓴다.

- 그날 있었던 일에서 가장 기억에 남는 일을 주로 쓴다.

- 저녁에 쓰는데 좋았던 일을 더 많이 쓴다.

- 날마다 쓸 때가 많지만 피곤할 때는 쓰지 않는다.

- 하루를 돌아보며 기뻤던 일, 슬픈 일, 황당한 일을 생각해서 쓴다.

- 피곤할 때는 일기를 많이 빼 먹는다.

- 바쁠 때는 서너 줄이라도 꼭 쓴다.

- 저녁에 좋았던 일이나 화났던 일을 쓴다.

- 밤늦게 써서 못 쓸 때가 있다.

학생의 일기를 선생님이 봐도 될까?

선생님이 일기를 봐도 되는지에 대해 전체 토론을 하는데, '선생님이 보니까 솔직하게 못 쓴다'는 반대의 의견에 찬성 쪽이 제대로 반박을 못한다.

내가 찬성에 앉아서 말해도 되냐니까, 된단다. 잠시 나와 반대 의견 아이들이 토론을 한다.

"선생님이 봐도 아무에게도 말 안하잖아요."

"그래도 선생님이 보면 부담스럽잖아요."

"뭐가 부담이죠?"

"선생님에게 화가 나도 그 이야기를 쓸 수도 없고요."

"선생님에게 화가 나면 선생님이 싫다고 쓰면 되죠."

"그럼 선생님이 더 화나잖아요."

"아니죠. 그런 이야기해 주니까 더 고맙죠."

"말이 안 되죠. 선생님이 싫다는 말을 쓰는데."

"괜찮아요. 선배들도 그런 이야기 썼는걸요."

"그래도 선생님이 보니까 쓰기 부담스러워요."

"괜찮다니까. 그럼 선생님이 본다고 쓰고 싶은데 안 쓴 적 있나요?"

"네."

"그러지 마요. 아, 정말 실망이야."

"봐요. 선생님이 안 좋은 이야기 들으니까 실망이라고 하잖아요."

"아니 그건 써야 하는데 안 쓰니까 실망이라는 거죠."

"하하하."

영근 샘도 쓰는 일기

일기 쓰기를 하다 보면 가장 많이 고민하는 것이 '내 삶'입니다. 내가 먼저 제대로 삶을 꾸려야지 아이들에게 삶을 제대로 꾸리라고 말할 수 있으니까요. 그래서 저도 날마다 일기를 씁니다. 교실에서 있었던 이야기를 쓸 때가 많습니다. 학생들 사이에서 일어나는 일을 글로 쓰기도 하고, 나와 학생 사이, 나와 학부모 사이, 나와 다른 교사와 생긴 일을 일기로 쓰기도 합니다. 좋은 일이 많은 편이지만, 가끔은 화가 났던 이야기를 쓰기도 합니다. 그러며 마음을 풉니다. 쌓인 것은 어떻게든 풀어야지 교실에서 조금 더 행복한 삶을 꾸릴 수 있습니다. 가끔은 쓴 일기를 학생들에게 보여 주거나 읽어 주기도 합니다. 일기가 아이들과 마음을 주고받는 다리 역할을 하는 셈입니다.

일기, 이렇게 써요

1. 날짜 쓰기 : 줄공책에 어제 쓴 일기에 한 줄 띄우고 씁니다.

2. 날씨 쓰기 : 하루 날씨를 자세히 씁니다.

3. 겪은 일 생각하기 : 하루 동안 보고 겪은 일을 생각해 봅니다.

4. 일기 감 고르기 : 겪은 일에서 아래 잣대에 맞춰 고릅니다.

일기 감 고르는 방법

① 누구에게 꼭 말해 주고 싶은 것

② 누구에게도 말하고 싶지 않은 꼭꼭 숨기고 싶은 말

③ 억울하고, 답답하고, 괴롭고, 속상하고, 슬프고, 따지고 싶은 일

---

5. 날씨 다음 줄에 제목을 씁니다.

6. 일기 쓰기

① 일기를 쓰기에 앞서 그때로 돌아가 '겪어 보기'를 합니다. 그때 있었던
   일과 내 생각을 생생하게 찾아내기 위해서입니다.

② 겪어 본 다음, 겪은 차례대로 자세하게 씁니다.

자세하게 쓰는 방법

① 때와 곳을 또렷하게 살려 씁니다.

② 주고받은 말을 그대로 살려 씁니다.

③ 그곳에 없었던 사람이 읽어도 알 수 있게 씁니다.

③ 잠깐! 쓰기에 앞서 자세하게 쓸 내용이 뭔가를 생각해 봅니다.

---

7. 날마다 꾸준히 씁니다.

4장

겪은 일 쓰기

- 서사문 -

"선생님, 있잖아요?"

"왜? 뭔데?"

"제 동생이 어제 자다가 똥을 쌌어요.

그래서 있잖아요."

학생들이 사는 곳은 비슷합니다. 하는 일도 비슷합니다. 이런 까닭에 겪은 일을 써 보자고 하면 많은 학생이 쓸 게 없다고 합니다. 그럴 것 같습니다. 집, 학교, 학원이나 놀 곳에서 자고 먹고 놀거나 공부합니다. 늘 같은 곳에서 같은 모습인 것 같습니다. 그런데 조금만 유심히 살피면 늘 다른 모습입니다.

아침에 일어나서 집에서 밥을 먹고 학교 갈 준비를 하고 학교를 갑니다. 늘 같은 모습입니다. 같은 모습이라기보다 같은 상황입니다. 이때 일어나는 일은 하루도 같지 않습니다. 스스로 일어날 수도 있고, 엄마가 깨워서 일어날 수도 있습니다. 일어나서 잠시 멍하니 있을 수도 있고, 화장실에 갈 수도 있으며, 바로 밥을 먹기도 합니다. 식구와 만나는 모습도 다 다릅니다.

학교로 발걸음을 옮깁니다. 학교에 가는 길에 날마다 다른 일이 일어납니다. 만나는 친구가 다릅니다. 같은 친구를 만나도 친구가 입은 옷이 다르며 주고받는 말이 다릅니다. 걸으며 만나는 게 다르고 들리는 소리가 다릅니다.

학교에 들어서면 더 많은 일이 벌어집니다. 운동장이나 교실에 친구들이 있습니다. 친구들 한 명 한 명과 만나 일어나는 일은 날마다 다릅니다. 이야기를 나누기도 하고, 함께 땀 흘리며 놀기도 하고, 같이 도서관에 가서 책을 보기도 합니다. 국어, 수학, 음악, 미술, 체육 등 과목은 늘 같지만 그 내용과 배우는 모습은 다 다릅니다. 쉬는 시간 학생들 모습은 또 어떠한가요? 교실, 화장실, 운동장에서 다 다른 모습으로 어울려 보냅니다. 수업을 마친 후 일상도 같지만 그 속을 들여다보면 다 다른 모습입니다.

　이렇듯 학생이 사는 모습, 겪는 모습은 다 다릅니다. 이렇게 겪은 일을 글로 그대로 쓰는 것이 '겪은 일 쓰기'입니다. 학생들은 학년 구분이 있고, 그 학년에 맞는 교육과정이 있습니다. 그런데 누구나 늘 자기만의 '겪은 일'이 있습니다. 그러기에 1학년부터 모든 학년에서 겪은 일 쓰기를 합니다. 어른이 되고서도 가장 많이 쓰는 글이 겪은 일 쓰기입니다. 겪은 일 쓰기는 모든 글쓰기의 시작이면서 가장 바탕이 되는 글쓰기입니다.

　글똥누기와 일기에서 학생들이 가장 많이 쓰는 글은 자기들이 겪은 일입니다. 여기서 설명하는 겪은 일 쓰기는 글똥누기나 일기와는 다르면서도 둘을 모은 글이기도 합니다. 글똥누기와 일기는 겪은 일 쓰기로 좋습니다. 다만 글똥누기는 짧은 시간에 후딱 쏟아 내는 글입니다. 일기는 글똥누기보다는 긴 호흡으로 쓰는 글이지만 집에서 쓰는 글입니다. 그러기에 교실에서 겪은 일 쓰는 시간을 갖습니다. 겪은 일 쓰기는 교실에서 긴 호흡으로 하나를 오래 잡고 쓰는 글쓰기입니다.

글쓰기의 네 갈래

이호철 선생님의 《갈래별 글쓰기 교육》(보리)에서 어린이글의 갈래를 서사문, 설명문, 감상문, 논설문으로 크게 나누고 있습니다. 서사문은 보고 듣고 겪은 사실(또는 사건)을 있는 그대로 쓴 글이고, 감상문은 사실보다는 느낌이나 생각이 중심이 되는 글입니다. 설명문은 어떤 대상에 대한 설명이 중심이 되는 글이고, 논설문은 어떤 문제에 대한 의견이나 견해를 근거를 들어 내세우는 글입니다. – 이성인 선생님 정리

구분	객관의 글 (사실)	주관의 글 (느낌, 생각)
감각·정서의 글	서사문	감상문
이성·논리의 글	설명문	논설문

서울경기글쓰기교육연구회 이성인 선생님은 글쓰기의 네 갈래를 나무에 견줘서 설명합니다. 선생님은 논설문은 꽃과 열매이고, 설명문, 감상문은 가지와 잎이며, 서사문(겪은 일 쓰기)은 글쓰기의 바탕으로 나무에서 뿌리에 해당한다고 합니다. 나무에게 뿌리는 목숨입니다. 뿌리가 튼실하지 않으면 가지며 잎이 자랄 수 없고, 꽃도 피울 수 없으며 열매를 맺을 수도 없습니다. 그만큼 서사문은 중요합니다.

1

겪은 일 쓰기,
어떻게 쓸까?

글감 정하기

"여러분, 주말에 뭐 했어요?"

"할아버지 생신 축하를 했어요."

"그럼 할아버지 생신 때 있었던 일을 글로 써 볼까요?"

학생들은 겪은 일이 있고, 그 일을 글로 씁니다. 교실에서 가장 쉽게 할 수 있는 글쓰기가 '겪은 일 쓰기'입니다. 학생들은 하나하나 겪은 일을 쓰면 됩니다. 누구나 쉽게 쓸 수 있을 것 같지만 그게 쉽지 않습니다. 학생들은 글감 고르는 것을 가장 어려워합니다. 삶이 곧 글이 되는 게 겪은 일 쓰기인데, 학생들에게는 아직 낯설기에 어렵습니다.

"여러분, 우리 내일 교실에서 모둠이 같이 김밥을 해 먹을까요?"

글을 쓰기 위해 다양한 활동을 하는 것은 아니지만, 글감을 고르기 어려운 학생들을 위해 몸으로 직접 함께 겪습니다. 학생들은 글을 쓴다 하더라도 겪는 일이 즐거우니 좋아합니다. 학생들은 즐거운 마음으로 모둠에서 김밥 만들 준비물을 챙겨서는 즐겁게 김밥을 해 먹습니다.

"여러분, 김밥 만들어 먹는 거 즐거웠나요?"

"네. 재밌어요. 맛있었어요."

"그럼 우리 김밥 만들어 먹은 거 글로 남겨 볼게요."

학생들은 '김밥'으로 주제를 정해 김밥을 만들며 있었던 일로 글을 씁니다. 김밥 만들며 있었던 일을 글로 드러내듯 학생들과 여러 활동들을 직접 겪으며 쓸 수 있는 글감을 찾습니다.

참사랑땀 반은 교실 안팎에서 여러 활동을 하는데 글을 쓰기 위해 하는 건 아닙니다. 학생들이 좋아하니 노래 부르고 토론하며 자연에서 놉니다. 이런 활동을 하고서 학생들에게 글을 써 보자고 하면 모두는 아닐지언정 많은 학생들이 싫은 소리 없이 글을 씁니다. 겪는 활동이 재미있으니 글은 그냥 뒤따라옵니다.

- 교실 : 실습(바느질, 요리, 목공 등), 교실 놀이, 춤, 모둠 활동 따위
- 교실 밖 : 날씨(햇살, 바람, 비, 눈 등) 겪기, 운동, 운동장 놀이, 쉼 따위

일기에서 글감을 고른다

"내가 일기로 쓴 겪은 일 중 이거 자세히 써 보겠다 하는 글감을 하나 정하세요. 그리고 그걸 조금 더 자세하게 써 볼게요." 하며 글감을 일기에서 고르게 합니다. 일기에는 학생들이 하루 삶에서도 가장 쓰고 싶은 일들이 가득 있기 때문입니다.

요즘은 많은 학교에서 없어지고 있지만, ○○ 글쓰기 대회 같은 행사를 할 때도 그 전날에 "내일 ○○로 글을 써요. 이제껏 쓴 일기장을 보고서 ○○와 관련 있는 일기를 고르세요. 그 일기 내용을 참고해서 자세히 쓰

영근 샘의 글쓰기 수업

면 됩니다."라고 미리 일러둡니다. 참사랑땀 반은 글똥누기도 쓰니 글똥누기에서 글감을 고르기도 합니다. 글똥누기는 한두 줄로 짧게 쓴 글이니 여기에 자세하게 살을 덧붙여 씁니다.

육하원칙을 살려 쓴다

글을 쓸 때 읽는 사람이 궁금한 점이 생기지 않게 자세하게 드러내야 합니다. 이때 육하원칙을 살려 쓰지 않으면 읽는 사람이 의문을 갖게 됩니다. 육하원칙은 학생들과 이야기를 나누며 하나씩 살핍니다. 글쓰기는 표현 활동이고, 학생들이 글보다 더 쉽고 먼저 하는 표현이 말이기 때문입니다. 그래서 '말이 곧 글이다', '한 말을 그대로 글로'라는 말을 글쓰기 지도에서 많이 합니다.

학생들과 이야기를 자주 나누면서 육하원칙이 천천히 학생들 글로 스며들게 합니다. 월요일 아침마다 하는 주말 이야기에서도 할 수 있고, 날마다 쓰는 글똥누기를 보면서도 이야기 나눌 수 있습니다. 생각그물(마인드맵)에 여섯 가지를 뻗어 하나하나 학생들과 찾는 시간을 가지면 학생들이 눈으로 확인할 수 있어 좋습니다.

누가 : "누가 했나요?", "누구와 했나요?"

겪은 글을 쓸 때 가장 먼저 시작하는 게 사람입니다. '내가', '우리 선생님이', '동생이' 하며 사람으로 글을 시작합니다. 학생들이 겪은 일을 쓸 때 그 주체인 사람을 쓰는 건 어렵지 않습니다. 다만 여기에서 조금 더 살피면

'누구와' 함께 겪는지는 또렷하게 나타내지 않을 때가 많습니다. 안 쓰기도 하거니와 '친구'라며 두루뭉술하게 쓰고 맙니다. 이때, "친구 누구?" 하고 물으면 "영근이요." 하며 그 이름까지 드러냅니다. 이렇게 글을 쓸 때는 누구인지 정확하게 드러내야 합니다.

언제 : "언제 했나요?", "얼마나 했나요?", "언제 마쳤나요?"

학생들 일기를 유심히 보면, '오늘'로 시작하는 글이 많습니다. 겪은 일을 글로 쓸 때도 마찬가지입니다. 이때, "오늘 언제?" 하고 묻습니다. "아침이요." "아침에서도 언제?" "네?" "그러니까 일어나서인지, 밥 먹기 전인지, 밥 먹고 나서인지, 아니면 몇 시쯤인지?" 하며 그때를 정확하게 드러내도록 합니다. 무엇을 했는데 '오래 했다'고 하면, "얼마나 했는데?" 하고 묻거나 "언제 마쳤는데?" 하고 묻는 것도 좋습니다.

어디서 : "어디서 했나요?", "어디로 갔나요?"

학생들이 무엇을 겪는다는 것은 그 일을 하는 장소가 있습니다. 이 장소를 드러낼 때도 학생들에게 조금 더 정확하게 드러내도록 묻습니다. '집에서'라고 썼다면, "집 어디?" 하고 묻습니다. '학교에서'라고 하면, "학교 어디?" 하고 물습니다. 그러면 "교실이요." 하고 대답합니다. 이때 한 번 더 "교실에서도 어디?" 하고 물으면 학생들은 웃습니다. 자기 자리에서 공부하는 것처럼 늘 일어나는 일은 굳이 자세하게 장소를 드러내지 않아도 글을 읽는 사람이 궁금하지 않으니 괜찮습니다.

무엇을 : "정확하게 무엇이요?", "그게 뭐예요?"

학생들이 먹을 때는 먹을거리가 있고, 놀 때는 놀잇감이 있습니다. 그런데 이것을 쓸 때 '반찬이 맛있었다'고 합니다. 그러면 "정확하게 무슨 반찬이었니?" 하고 묻습니다. '게임을 하고 놀았다'라고 쓰면, "무슨 게임인데?" 하고 묻습니다. 게임 이름을 말하면, "그건 무슨 게임인데?" 하고 한 번 더 묻기도 합니다. 수업을 했다고 하면 무슨 과목인지 묻고, 운동을 했다면 무슨 운동인지 묻습니다. 학생들은 자기 머릿속에 그 대상이 들어 있어 잘 아니 그것이 무엇인지 글로 드러내지 않습니다. 이것을 드러내야지 글을 읽는 사람, 모르는 사람도 제대로 알 수 있습니다.

어떻게 : "어떻게 하나요?", "그래서 어떻게 되었나요?"

무엇인지도 자세하게 드러내지 않으니 그걸 어떻게 하는지는 더 자세하지 않습니다. 그런데 겪은 일 쓰기에서는 어떻게 했는지가 자세해야 합니다. '비를 맞았다'고 해서 "비를 어떻게 맞았나요?" 하고 물으면, '우산을 벗고 얼굴에 비를 맞았다', '팔에 옷을 걸고서 팔뚝에 맞았다' 하며 자세한 이야기가 나옵니다. 그림이 그려지듯 잘 드러냅니다. 학생에 따라서는 진행과정은 잘 드러내는데 그 결과가 드러나지 않을 때도 있어, "그래서 어떻게 되었나요?" 하고 묻습니다.

왜 : "왜 그랬나요?", "그냥이라 하지 말고 제대로 말해 주세요."

학생이 '동생이 울었다'라고 썼습니다. "왜 울었나요?" 하고 물었더니, "엄마한테 혼났어요." 합니다. "왜 혼났는데요?" 하니, "양치질하기 싫다고 해 혼났어요." 합니다. 왜 양치질하기 싫어했는지 묻고 싶지만, 이 정도라도 글에 드러내야 한다고 말해 줍니다. 일에는 원인과 결과가 있습니다. 학생들이 결과만 드러내고 원인을 드러내지 않는 까닭은 앞서 말했듯 내가 이미 잘 알고 있는 일이기 때문입니다. 다른 까닭은 귀찮기 때문입니다. 생각하기 귀찮으니, "그냥요." 하고 말할 때가 많습니다. 이때, "그냥이라면 안 돼요. 그 일이 왜 일어났는지 말해 주세요." 하고 말합니다.

시간 흐름으로 한순간을 잡아서 씁니다

"있었던 일을 차례대로 쓰세요."
학생들에게 글을 쓰라고 할 때 영근 샘이 많이 알려 주는 방법이 있습니다. 시간 흐름대로, 일이 일어난 차례대로 쓰는 것입니다. 일이 일어난 차례대로 쓰면 많은 학생들이 어렵지 않게 씁니다. 그런데 겪은 일을 일어난 차례대로 쓰면 틀(무엇하고 무엇을 하고 무엇을 했다)을 만들어 씁니다. 이때 일어난 일을 나열만 하지 않고 하나하나 자세히 쓸 수 있어야 합니다. 이렇게 쓰면 너무 길어질 수 있기 때문에 모두 자세히 쓰지 않고 한순간을 잡아 아주 자세하게 씁니다. 그 하나의 작은 일이 학생이 가장 말하고픈 것, 글의 알맹이이기도 합니다.

오감으로 겪고 오감을 살려 쓴다

"선생님, 어떻게 써요?"
무엇을 쓸지 정한 학생들에게 이제 글을 써 보라 하지만 대부분 글을 쓰려다가 멈춥니다. 어떻게 써야 할지 또 어렵습니다. 글쓰기 지도는 이렇게 하나하나 천천히 풀어가야 합니다. 한 번에 다 하는 게 아니라 자주 하는 것이 무엇보다 좋습니다. 자주 하면 글쓰기도 조금씩 성장합니다.

　　마찬가지로 오감을 살려서 쓰게 하는 것도 한꺼번에 다 살려 쓸 수 없습니다. 글똥누기를 쓰는 교실이라면 학생들 글에서 오감을 살려서 쓰는 글을 쉽게 볼 수 있습니다. 이렇게 나온 글을 자주 읽어 주며 하나하나 감각을 알려 줄 수 있습니다. 그렇지 않다면 오감도 하나하나 직접 겪으며 알려 주길 권합니다.

　　"더 많이 보세요."
　　교실에서 학생들과 연필을 하나 내어서 천천히 보면서 유심히 살핍니다. 그림을 직접 그리는 것도 좋습니다. 그림을 그릴 때도 아주 천천히 그리도록 합니다. 종이보다 그리는 대상을 더 많이 보도록 합니다. 이렇게 그림을 그리듯 글을 씁니다. 연필에 있는 그림이며 연필에 쓰인 글자까지 하나하나 살핍니다. 아이들은 작은 연필에도 많은 글자가 있다는 것에 놀라기까지 합니다.

　　"여러분, 눈 감아 보세요."
　　학생들에게 눈을 감게 하고 교실에서 나는 소리를 듣게 합니다. 처음에는 아무 소리도 들리지 않습니다. 이내 들리지 않던 것들이 들리기 시작합니다. "선생님, 책상 삐걱거리는 소리가 들려요." 하며 놀란 목소리로 말합니다. 창문을 열어 뒀다면 교실 밖 소리까지 들립니다. 하나만 더 보탠다면 우리가 글로 익히 알고 있던 소리(개구리-개굴개굴, 개-멍멍, 고양이-야옹야옹 따위)도 제대로 들어 보면 다 다른 소리입니다. 관념으로 알던 소리를 직접 들리는 대로 쓰게 하는 활동도 필요한 까닭입니다.

"선생님, 급식 냄새가 나요."

학생들은 점심 때가 다가오면 급식실에서 올라 오는 냄새를 맡습니다. 일상에서도 이런저런 냄새가 납니다. 화장실에서도 냄새가 나고, 오가는 길에 하 수구에서도 냄새가 나며, 집에 가는 길에 있는 식당 에서는 맛있는 냄새가 유혹합니다. 그런데 이런 냄 새를 맡을 여유가 없기에 냄새 맡기도 직접 해 봅니 다. 꽃이 핀 날이 참 좋습니다. 학생들에게 꽃을 보 여 주고 내음에 취하게 하며 그 느낌을 말로 하고 글 로 쓰게 합니다.

"선생님, 맛없어요."

학생들을 데리고 학교 가까이 산에 가서 아카시아 꽃을 따 먹었습니다. 학생들에게 그 맛을 물으니, '맛이 있다', '맛이 없다'라는 말로 끝냅니다. 이 때, "어떤 맛이길래 맛이 없지요?" 하고 질문합니다. 질문은 학생을 '어, 무 슨 맛이지?' 하며 생각하게끔 자극하고, 다시 코를 꽃에 가져가게 합니다. "조금 쓴맛이 있어요. 어, 단맛도 있어요. 선생님." 학생들은 혀로 느낀 맛을 말로 드러냅니다.

"선생님, 만지니까 까칠까칠해요."

우리 말에는 살갗에 닿았을 때의 느낌을 나타내는 표현이 참 다양합니 다. 그럼에도 학생들은 이런 표현을 쓸 때가 적습니다. 말은 내뱉고, 글로 써 야 내 것이 됩니다. 손이나 발로 닿고 몸의 다른 살갗에 닿았을 때 그 느낌 을 말이나 글로 표현하는 기회를 많이 가져야 합니다.

비 오는 날 오감 겪기

- 시각 : 비가 떨어지는 모습, 빗방울이 물에서 퍼지는 모습
- 청각 : 눈감고 빗소리 듣기, 우산에 떨어지는 빗소리
- 후각 : 비 오는 날 흙이나 풀숲에서 나는 냄새 맡기
- 미각 : 떨어지는 비 맛보기
- 촉각 : 손바닥에 비 맞아 보기, 빗방울 손으로 만져 보기, 맨발로 젖은 운동장 걷기

겪고 나서 바로 쓰는 게 좋다

"우리 이거 하고 글 쓸 거예요."

글을 쓰는 것이 아직 버릇이 안 되었다면 어떤 활동을 하기 전에 글로 쓸 것이라고 미리 말해 두는 것도 좋습니다. 예고 없이 글을 쓰겠다고 하면 즐거운 활동이었더라도 부담을 갖는 학생들이 많습니다. 어떤 학생들은 거부 반응까지 보입니다. 글을 쓸 것이라 먼저 말하고서 함께 겪는 활동이라면 글을 쓰는 것까지 자연스럽게 이어집니다. 아울러 미리 글 쓸 것이라고 일러두면 학생들은 활동할 때 조금 더 글 쓸 준비를 합니다. 조금 더 주의 깊게 보고 만지고 느낍니다.

"밖에 나갈 때 필통을 가지고 갈게요."

밖에서 겪고서는 그 자리에서 바로 글을 씁니다. 종이 받칠 받침을 학년 초부터 준비해 둡니다. 합판으로 된 받침은 비싸지 않고 오래 쓸 수 있

어 학급살이 물품으로 몇 해를 계속 이어 쓸 수 있습니다.

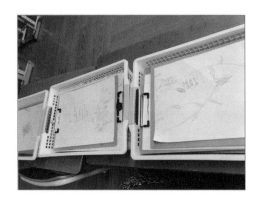

바깥에서 글을 쓸 때, 종이를 미리 주고서 바로 쓰게 하는 것과 겪고서 글 쓸 종이를 주는 것은 비슷한 상황인 것 같지만 효과가 조금 다릅니다. 미리 종이를 주면 학생들은 글쓰기에 집중하느라 체험을 다양하게 못 하지만, 종이가 없으면 나중의 글쓰기를 위해 하나하나 더 주의 깊게 살핍니다. 참사랑땀 반에서는 여러 활동을 겪고서 쓸거리가 생겼다면 종이를 받으러 오라 할 때가 많습니다. 그런데 학생마다 글 쓰는 속도가 다릅니다. 다 쓴 학생은 다듬기를 하거나 새로운 종이를 주어 다른 것도 써 보게 할 수 있습니다.

"지금 본 것을 교실에 가서 쓸게요."

밖에서 쓰면 그곳에서 겪은 것이나 감동을 고스란히 드러낼 수 있어 좋습니다. 반면 긴 호흡으로 자세한 글을 쓰기에는 아쉬움이 큽니다. 참사랑땀 반에서는 밖에서 쓸 때는 글똥누기 쓰듯이 쓰고, 그것에 어울리는 그림을 그리게 합니다. 이와 반대로 그림을 그리고 글로 설명을 덧붙이게도 합니다. 조금 더 자세하게 써야겠다 싶을 때는 교실로 들어와 씁니다.

함께 겪고 바로 글을 쓰게 해도 어렵다고 하는 학생이 있습니다. 학생마다 수준 차이가 크기 때문입니다. 모든 학년이 다 그렇습니다. 한 번 활동으로, 한마디 말로, 한 번에 알아듣는 경우는 아주 드뭅니다. 그래서 글쓰기 힘들어하는 학생을 지도하는 나름의 방법이 있어야 합니다. 영근 샘은 힘들어하는 학생이 적으면 직접 가서 설명하며 돕습니다. 직접 돕는 게 어렵다면 다시 한번 설명하고 짝의 도움을 받게 합니다. 아울러 먼저 쓴 학생들

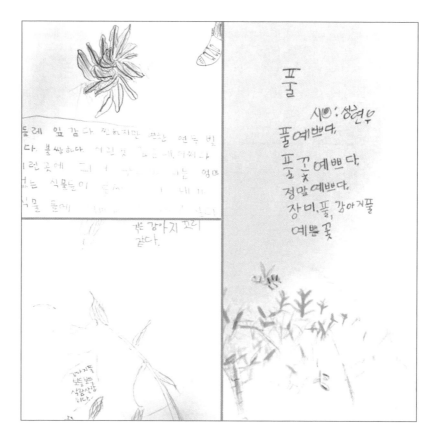

글을 칠판에 붙여 두거나 글쓰기 어려워하는 학생들에게 보여 주고 참고하
도록 합니다.

정성껏 쓰게 합니다

참사랑땀 반 학생들이 쓴 글을 모아서 여러 선생님에게 보여 드릴 때가
있습니다. 많은 선생님께서 학생들 글씨를 보며, "어떻게 학생들이 글씨
를 이렇게 정성껏 써요?" 하고 놀랍니다. 영근 샘은 글을 쓸 때 "여러분,
글을 쓸 때는 정성껏 써 주세요." 하고 꼭 당부합니다. '천천히 쓰자. 낱자

하나하나를 쓸 때 끝까지 힘을 주자. 처음 글 쓰던 힘을 글 마칠 때까지 가져가자.'라는 말을 하고 하고 또 합니다. 글을 자주 쓰니 나중에는 "어떻게 써야 하죠?" 하고 물으면 학생들이 영근 샘이 했던 말을 그대로 합니다.

2

학생들과 함께한
겪은 일 쓰기

교실로 찾아가는 산타

'교실로 찾아가는 산타'는 영근 샘이 학생자치회 담당교사로 전교학생자치회와 해마다 해 오던 행사입니다. 12월 중에 가장 설레는 날이 크리스마스인데 이때 무엇을 하며 놀지 궁리 끝에 시작했습니다.

학생자치회 일꾼들이 산타와 루돌프가 되어 모든 교실을 다니며 크리스마스 인사를 합니다. 선물(사탕)이 가득 든 산타 가방을 메고 다니며 하나씩 나눕니다. 1교시가 시작되면 산타와 루돌프는 교실 앞문으로 들어가 "메리 크리스마스." 하며 선물을 나눕니다. 뒷문으로는 우리 반 기타 동아리가 들어가 캐롤 세 곡을 부릅니다.

"오늘 교실로 다니며 어떤 일이 있었나요?"

'교실로 찾아가는 산타' 활동을 마치고 온 학생들과 이런저런 이야기를 나눕니다. 학생들과 이야기를 나눌 때는 생각을 묻기보다는 학생들이 겪은 일을 묻습니다. 겪은 일을 그대로 드러내는 건 누구나 어렵지 않게 할 수 있습니다. 이렇게 이야기를 나누는 건 겪은 일 쓰기에서 꼭 하는 활동입니다.

학생들은 이야기를 나누며 자기들이 겪은 일을 다시 생각합니다. 겪은 일을 말하면 마음에 조금 더 오래 남습니다.

"○학년 ○반은 반응이 없어 썰렁했어요."

"어떻게 반응이 없었다는 거죠?"

"선생님도 학생들도 아무것도 하지 않았어요."

"그래요. 혹시 반응이 있었던 반은 없었나요?"

"4학년 ○반 선생님이 사진도 찍어 주고 아이들과 함께 노래도 해서 좋았어요."

"또 말해 줄 사람 있나요?"

"5학년 ○반 선생님이 작년 우리 반 선생님이라 좋았어요."

"우와, 정말 좋았겠어요."

"급식실에 갔는데 실내화가 없었거든요. 그런데 신발도 빌려주시고 손뼉도 크게 쳐 주셨어요."

"정말 고맙네요."

"교무실에 갔는데 환호를 해 주시고 사진도 찍어 주셨어요."

"발간실에 갔는데 귤을 줘서 좋았어요."

"교장실에서 기타를 치다 피크가 부러져 놀랐어요."

12월 24일을 위해 지난주 열심히 기타를 쳤다. 손끝에 가시가 나 피가 나는 경우도 있었고, 손끝에 옅게 멍이 들기도 했다. 하루는 11시까지 코드를 외운 날도 있었고, 눈에 알러지가 생기고도 눈에 약을 3~4번 바르면서 악보를 본 적도 있었다. 드디어 12월 24일 크리스마스 하루 전 우리는 3조로 1학년, 2학년 또 행정실, 급식실, 유치원 아이들에게 캐롤 선물을 해 주었다. 먼저 1-1, 1교시 처음으로 들어간 반, 아이들도 조금 당황한 표정이어서 너무 귀여웠다. 1-2, 조용히 공부하고 있다가 우리를 보고 함박웃음을 하며, "우와! 산타 언니다!" 하는데 너무 귀여웠다. 1-3, 조금 말썽꾸러기인 친구들이 있었다. '코딱지, 네네치킨'을 소리치는데 노래 불러 주는 입장에서 조금 속상했다. 1-4, 친구들이 트리를 색칠하고 만들고 있었다. 그곳에서 피크를 떨어트렸지만 친절한 산타 언니가 주워 줬다. 1-5, 시작부터 한 아이가 손을 뻗어 피크가 떨어져 손톱 옆에서 피가 났다. 1-6, 굉장히 성실한 아이들이었다. 노래도 같이 불러 주고 귀여웠다. 행정실에선 귀엽고 고맙다고 칭찬해 주셨고 급식실에선 젤리셔스 수박맛을 받았다. 유치원 아이들은 너무 귀엽게 앉아서 우리들을 보고 있었다. 눈이 똘망똘망해서 더 귀여웠던 것도 있다. 2학년 아이들은 너무 떠들어서 아쉬웠지만 그래도 웃으니 뿌듯했다. (참사랑땀 4학년 이수민)

우리는 5, 6학년 담당이다. 5학년 2반에서 있었던 일이었다. 교실로 찾아가는 산타에게 선물을 주셨다. 우유 비타민이었다. 나는 사실 우유 비타민을 좋아하지 않는다. 하지만 쑥스러운 공연이 끝난 후에 비타민을 받으니 '더 열심히 하고 수고했다'고 써 있는 상장을 받은 느낌이었다. 6학년 3반은 전담실에 가서 6학년 중 가장 마지막에 했다. 왠지 모르겠지만 6학년 3반 언니, 오빠들이 다른 언니, 오빠들보다 더 신나게 들어주었다. 그래서 고마웠다. 또 6학년 3반은 쉬는 시간에 공연을 하게 되었다. 그래서 우리 앞에까지 바짝 다가와서 들었다. 교실 바닥에 앉아 있고, 서 있고, 의자에 걸터앉아 있고 하는 자세가 대부분이었다. 교장실에서도 공연을 했다. 가장 떨렸던 순간이 아닐까 싶다. 처음 봤던 교실도 많았다. 그중에 나누리 반(도움 반)에 갔다. 처음 봤던 교실 중에서 나누리 반이 가장 놀라웠다. 우리 교실처럼 맨발교실이기 때문이다. 나누리 반에 있는 사람들은 선생님까지 합해서 4명이었다. 친구들 : 3명, 선생님 : 1명. 나누리 반에는 내 생각보다 사람 수가 적었다. 많은 학생들을 만나서 좋았다. (참사랑땀 4학년 최해울)

그리고 아이들의 크리스마스 인사에 대한 답을 보내 주셨습니다.

급식실로 예쁜 꼬마 산타들이 찾아왔습니다!
조리실무사님들께서 박수쳐 주면서 같이 노래 부르셨고요. 10년 넘게 근무했어도 오늘 같은 날은 처음이시라면서 꼬마산타들을 보고 감동받아 우셨습니다. 아침 일찍부터 나오셔서 고생하시는 우리 조리사님들께 그 어떤 선물보다도 값진 선물이 되었습니다. 아이들에게도 고맙다고 인사하긴 했으나, 어린이자치회 담당선생님께도 진심으로 고개 숙여 감사인사 드립니다. 급식실까지 챙겨 주시고, 정말 고맙습니다. 꼬마산타들 정말 감동이었습니다!

숲 체험

학생들과 자연을 느끼러 자주 나갑니다. 봄에는 새싹을 보고, 여름에는 비를 맞으며, 가을에는 떨어진 나뭇잎으로 놀고, 겨울에는 눈을 즐깁니다.

영근 샘의 글쓰기 수업

이렇게 일상이던 자연 관련 활동을 3학년 담임을 할 때는 1, 2학기 숲 체험으로 나눠 네 번씩 모두 여덟 번 했습니다.

숲 체험은 학교 뒷산에서 합니다. 학교 뒷문으로 나가면 보리밭이 넓게 펼쳐져 있습니다. 반대로 가면 큰 밤나무가 몇 그루 있고 그 사이로 나가면 산으로 가는 길이 있습니다. 이 길을 따라 조금만 걸으면 숲이 나옵니다. 큰 나무가 쭉쭉 뻗은 숲입니다. 학생들은 그 안으로 들어가서 나무를 가지고 놉니다.

숲 체험 수업은 숲 전문 선생님이 한 번에 두 시간씩 해주십니다. 영근 샘은 보조교사로 활동을 돕거나 안전을 위해 이곳저곳을 유심히 살피며 사진을 찍습니다. 학생들은 숲에 간다는 말만 들어도 좋아서 큰 소리를 냅니다.

숲으로 갈 때는 모둠을 나타내는 조끼를 입습니다. 참사랑땀 반은 일곱 모둠이라 일곱 빛깔 조끼를 나눠서 입습니다. 모둠 활동으로 하는 숲 체험이라 모둠 조끼를 입으면 훨씬 눈에 잘 띄어 좋습니다.

1학기에는 뒷산에 있는 자연물로 동물을 만들었습니다. 무슨 동물을 만들지 상상하고 준비물을 구합니다. 준비물로 주운 나무를 끌고 오며 신났습니다. 어떤 학생은 무엇을 만들지는 정하지도 않고서 재료만 가득 모읍니다. 재료를 가져다 두며 자연스럽게 드러나는 동물 모양을 따릅니다. 처음에는 개인으로 만들던 것을 나중에는 모둠으로 만듭니다.

2학기에는 정원을 만들고 집도 꾸밉니다. 나뭇가지를 가득 가져다 만든 집에 신발 벗고 들어가는 학생도 있습니다. 모두가 하나 되어 큰 탑을 쌓기도 하고, 큰 집을 만들기도 합니다. 학생들 소리로 숲이 신났습니다. 숲이 학생들로 살아서 꿈틀거립니다.

숲에 그림 그리러 가는 길
청보리밭에 쪼그리고 아이들 본다.

마지막 시간, 탑을 쌓아 보자.
아이들은 회의로 네모나게 만든다.

"후두둑 후두둑."
갑자기 빗방울로 숲이 시끄럽다.

숲 선생님 하늘 몇 번 보며,
영근 샘도 얼굴, 팔에 맞아 보며,
마지막이라 망설이지만 비가 굵다.
자, 내려갑시다.

내려오는데 나무 탑이 보인다.
앞 시간에 옆 반이 만든 탑이 높다.
아, 부럽다.

실내화 주머니도
아이들 아쉬운 마음 아는지
비 맞으며 묵묵히 기다린다.
(숲 체험하다가 비가 오는 날 영근 샘 글)

〈엉망이 된 내 옷〉

숲 체험 할 때 보라돌이, 빨강이와 협
동을 했다. 난 나무 옮기는 역할을 했
는데 비가 온 뒤라 그런지 나무에 흙이
나 더러운 물 등이 잔뜩 묻어 있었다.
친구들과 같이 나무를 들어 활동 장소

까지 옮긴 뒤 내려 놓고 팔을 보았다. 하얗던 옷이 갈색이 되어 있었다. 애들은
"엄마한테 안 혼나?", "헐, 엄마한테 혼날 것 같은데.", "야, 그래도 잔소리는 듣
지 않아?"라고 물었다. 그럴 때마다 난 "아, 괜찮아. 울 엄마 그런 것 갖고 안 혼
내." 하며 쿨하게 넘겼다. (참사랑땀 3학년 강효린)

숲 체험을 했다. 거기서 내가 땅을 더 넓
히고 윤서가 나무를 가져오는 것을 했
고 나머지 애들도 제 할 일을 했다. 거
기서 빨강, 파랑 팀이 우리 보라, 주황
팀과 서로 합치자고 했는데 빨강, 파
랑 팀 중에 싫다는 사람도 있었다. 그래
서 빨강, 파랑 팀 중에 찬성하는 사람

만 우리 보라, 주황 팀으로 오게 했다. 그리고 난 뒤 집을 더 꾸몄다. 집을 더 꾸
미는 도중에 내가 핑크색 나뭇가지를 발견했다. 그래서 영근 선생님이 그 나뭇
가지를 사진에 찍고 내가 그 나뭇가지를 썼다. 그리고 그 나뭇가지로 나무에 내
이름을 두 개 쓰고 윤서가 자기 이름도 써 달라고 해서 윤서 이름을 한 개 쓰고
나서 집을 꾸몄다. 그러고 나서 마지막 숲 체험을 마쳤다. (참사랑땀 3학년 김준수)

현장학습

현장학습은 학생들이 한 해 학급살이에서도 가장 손꼽아 기다리는 날입니다. 예전 소풍과 달리 말 그대로 현장학습이라 놀기만 하는 것도 아닌데 학생들은 현장학습 가는 날을 기다립니다.

학생들은 버스에서 같이 앉는 짝에 관심이 많습니다. 버스 짝은 회의로 정했습니다. 회의 결과에 따라 뽑기를 해 원하는 사람을 말하고 짝을 합니다. 갈 때는 거부권이 없고, 올 때는 거부권을 행사할 수 있습니다. 짝은 하루 전에 정했습니다.

현장학습으로 한국민속촌에 갑니다. 민속촌 마을과 집을 구경하는데 햇살이 비칩니다. 노란 은행잎을 뚫고 내리는 햇살이 하얗습니다. '그래. 학생들 복 받았네.' 하며 날씨를 느낍니다. 줄타기 공연을 잘 보고, 옆으로 옮겨 말 타기 공연을 보려는데 비가 내립니다. '이 정도야' 하며 보는데, 점점 굵어지더니 후두둑 쏟아붓습니다.

마음이 바쁩니다. 다른 학교, 다른 반이 다 빠지고서 우리도 걷습니다. 걸으며 백창우의 '비가 온다' 노래를 부릅니다. '여행을 떠나요' 노래도 부릅니다. 옷은 비에 젖지만 마음만은 즐겁습니다. 비를 피할 수 있는 건물 안으로 들어가 밥을 먹습니다. 이것도 괜찮습니다. 학생들은 친구들과 즐겁게

영근 샘의 글쓰기 수업

나눠 먹습니다.

여전히 비가 내리지만 놀이기구를 타러 갑니다. '탈 수 있을까?' 걱정이지만, 학생들은 놀이기구만 기다렸습니다. 다행스럽게 비가 그쳤습니다. 가방을 한곳에 모으고 학생들은 놀이기구를 타기 위해 뜁니다. 한 시간이 지나니 해가 떴습니다.

학생들 짐을 지키는데, "선생님 귀신의 집 들어가려는데 키가 안 돼요. 보호자 해 줘요." 하며 부탁합니다. 영근 샘도 처음으로 들어가 봅니다. 귀신을 보고 회전목마도 탔습니다. "난 여기까지." 하고는 다시 내 자리를 지킵니다. 돌아갈 시간에 맞춰 온 학생들과 현장학습을 마무리하고 돌아왔습니다.

어제 한국민속촌에 갔다. 자유시간에 변채우 샘과 같이 귀신의 집에 갔다. 갔더니 처녀 귀신이랑 물 귀신이 있었다. 나는 귀신님들에게 인사를 했다. 귀신전 1관이 끝나고 2관에 들어가는데 2관이 더 무섭다. 2관에서는 지옥이 나온다. 그리고 머리가 360도 돌아가는 귀신을 봤다. 너무 잘 만들었다. 조금 무섭다. 나갈때 동자귀라는 귀신이 있었다. 동자귀는 좀 귀엽다. 그다음에 무슨 설명하는 판을 봤는데 좀 잔인했다. 거기에 귀신들에 대한 설명이 써 있었다. 나는 처녀 귀신, 물 귀신, 역귀, 동자귀를 봤다. 처녀 귀신은 여자고 30대 정도로 추정된다고 써있었다. 물 귀신은 물이 있는 데에서 나올 수 있으니 조심하라고 써 있었다. 역귀는 좀 잔인하다. 머리에서 피가 흐르고 잔인하게 생겼다. 역귀는 50대 정도였다. 동자귀는 9살이고 원한이 있다. 동자귀는 엄마를 찾는 귀신이다. 동자귀는 불쌍하다. 귀신의 집은 너무 재미있다. 다시 가고 싶다. (참사랑땀 3학년 김태윤)

민속촌에서 먼저 집을 둘러봤다. 초가집에 옥수수 말린 게 있다. 기와집은 선비가 사는 집이다. 대문이 왜 높은지 선생님이 말해 주었다. 신분이 높은 분은 가마를 타 문이 낮으면 머리가 부딪쳐서이다. 대문 옆에 조그만 방이 노비 방이다. 방이 조그마해서 답답할 것 같다. 안채는 여자가 사는 방이다. 긴 복도에 방이 여러 개다. 우리는 마루에 누웠다. 아래가 뻥 뚫려 시원했다. 그다음 농악 공연을 봤다. 20몇 분을 기다리다 공연이 시작됐다. 처음에 주인공이 나와서 춤추다 갔다. 첫 번째로 사물놀이였다. 태평소는 소리가 작아 마이크를 대고 부셨다. 사물놀이 악기 중에 태평소가 제일 좋았다. 그다음 부채춤이었다. 부채춤이 제일 아름다웠다. 꽃 만들 때와 돌 때가 너무 아름다웠다. 내 옆에 있는 하은이는 공연에 아주 집중해 있었다. 그리고 마지막에 다 나오고, 아, 북도 있었다. 북을 치는데 아저씨 손이 안 보였다. 정말 재미있었다. (참사랑땀 3학년 조윤아)

'소풍'을 기억하시나요? 제가 어릴 때는 현장학습이 아니라 소풍이라 불렀지요. 학교에서 멀지 않지만 자주 가지 않는 널찍한 강가나 산으로 가서 놀았어요. 길게 줄 서서 걸어갔던 기억이 나요. 김밥과 삶은 달걀 그리고 사이다 한 병을 책 보따리에 싸 어깨에 가로 메고 갔어요. 삶은 밤도 있네요. 지금은 현장학습이라 공부도 하지만, 그때는 보물찾기, 수건 돌리기, 장기자랑을 하며 놀았어요. 그러니 전날은 설레는 마음에 잠을 잘 수가 없었어요. 아침에 일어나자마자 날씨 먼저 확인했지요. 오늘 학생들 현장학습 다녀온 일기를 읽으니, 그때 소풍 가던 생각이 나네요. 현장학습보다 소풍이 더 좋은 것 같아요. – 영근 샘

영근 샘의 글쓰기 수업

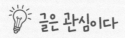 글은 관심이다

"선생님, 뭐 쓰세요?"

학생들이 영근 샘에게 묻습니다. 영근 샘은 날마다 '참사랑땀 학급살이'에 학급에서 일어나는 일이나 학생들이 하는 말과 쓴 글(글똥누기·일기)을 씁니다. 이 종이를 날마다 한 장씩 받침대에 끼우고는 어디를 가건 무엇을 하건 가지고 있으면서 글로 씁니다. 이렇게 글 쓰는 모습을 날마다 보는 학생들은 영근 샘이 무엇을 쓰는지 궁금합니다. 궁금함을 참지 못하고 무엇을 쓰는지 묻기도 합니다. 영근 샘이 쓴 것을 보여 주면 학생은 자기 이야기면 좋아합니다.

"○○야, 조금 전에 △△가 뭐라고 했지?"

영근 샘이 학생들에게 묻습니다. 수업을 하거나 무엇을 하다 보면 그것에 집중해서 기록을 남기지 못하고 흘러갈 때가 있습니다. 여유가 생겨 이제 써야지, 하는데 기억이 나지 않습니다. 이럴 때는 학생들에게 묻습니다. 무슨 말을 했는지, 무슨 일이 있었는지 학생들에게 묻습니다. 학생들은 씩 웃으며 자기들이 어른인 양, 선생인 양 영근 샘을 비웃듯 그 내용을 알려 줍니다. 글이 우리 삶을 기록하기도 하지만, 이렇게 서로에게 관심을 갖게 해 주는 연결고리이기도 합니다.

겪은 일 쓰기, 이렇게 써요

1. 처음 쓸 때는 직접 겪게 하고서 글을 씁니다.

2. 육하원칙을 살려서 씁니다.

3. 학생들과 이야기 나누며 육하원칙을 알도록 돕습니다.

4. 오감을 살려 씁니다.

5. 직접 겪으며 오감을 하나하나 알도록 돕습니다.

6. 겪고 나서 바로 쓰는 게 좋습니다.

5장

소개하는 글

- 설명문 -

"여러분도 미술 작품 설명하는 글
쓸 수 있을까요?"
"네. 할 수 있어요."

국어 시간에 교과서 내용을 살핍니다. 〈묵직한 수박 위로 나비가 훨훨〉을 읽고 '사실에 대한 의견 구별하기' 수업입니다. 신사임당이 그린 초충도병에서 〈수박과 들쥐〉 그림을 세 쪽에 걸쳐 하나하나 자세하게 설명하고 있습니다.

"그림을 함께 볼게요. 큰 수박이 몇 개인가요?"

"두 개요. 작은 것도 하나 있어요."

"수박 옆에 있는 꽃은 무슨 꽃일까요?"

"모르겠어요."

"패랭이꽃이라고 해요. 꽃이 몇 송이 폈죠?"

"두 송이요."

"수박과 패랭이꽃 말고 또 뭐가 있나요?"

"나비가 있어요. 쥐가 있어요."

"나비는 어떻게 생겼나요?"

"빨개요. 모양이 예뻐요. 희고 푸른 빛깔이에요."

"쥐는 뭐 하고 있나요?"

"수박을 파먹고 있어요."

"또 뭐가 보이나요?"

이렇게 이야기는 꼬리에 꼬리를 뭅니다. 학생들은 질문에 대답하기 위해서, 작품에서 못 본 것을 보기 위해서 작품을 더 유심히 살핍니다. 작품을 제대로 보면 그 작품은 그냥 보고 넘어갈 때보다 마음에 더 오래 남습니다. 작품을 쓴 사람이 누구인지 물으니 교과서를 더 자세하게 읽고 대답합니다.

우리 학생들이 미술 작품을 만날 기회는 많지 않습니다. 미술관에 가 본 학생을 물으면 한 반에 한둘이 나오면 많이 나오는 편입니다. 미술 작품을 보러 일부러 시간을 내어 가는 경우는 드뭅니다.

"우리도 이렇게 미술 작품 하나 소개해 볼까요?"

"네."

학생들과 작품으로 이야기를 나누다 작품 소개하는 글을 씁니다.

1

소개할 작품 찾기

작품을 어디서 구할 것인가?

미술 작품을 소개하는 글을 쓰는 수업이 미술 수업인지 국어 수업인지 이런 구분은 별로 중요하지 않습니다. 학생들은 이 수업으로 미술 작품 하나를 고르고 그 작품에 마음을 쏟을 겁니다.

어떤 작품을 고르든 소개 글을 쓰려면 그 작품에 대해 잘 알아야 합니다. 그 전에 더 중요한 것은 내 마음을 흔드는 작품이어야 합니다. 널리 알려진 미술 작품에 마음을 뺏길 수도 있지만 잘 알려져 있지 않은 작품을 좋아할 수도 있습니다. 작가가 우리나라 사람일 수도 있고, 외국 사람일 수도 있습니다. 요즘 미술 작품일 수도 있고, 오래전 미술 작품일 수도 있습니다. 어떤 작품이든 학생들이 하나를 고르기 위해는 많은 미술 작품을 볼 수 있어야 합니다. 그래서 많은 작품을 볼 수 있는 곳을 찾습니다.

"자, 미술 작품을 찾으려 해요. 어디에 있을까요?"

"책이요." "인터넷이요."

"네. 그래요. 우리는 책에서 찾을 게요. 그럼 어디로 가야 할까요?"

"도서관이요."

"네. 그럼 도서관에 갈 텐데, 도서관에서도 잘 찾아야 해요. 도서관에서 내가 보고 싶은 책을 찾는 방법이 있어요. 혹시 도서관에 가 본 사람 이야기해 볼까요?"

"도서관에 책꽂이가 많아요. 그곳에서 찾으면 돼요."

"맞아요. 책꽂이가 많은데 우리가 찾는 미술 작품은 어떻게 찾죠?"

"비슷한 책별로 모여 있으니 미술 작품도 따로 모여 있지 않을까요?"

"그럴 수 있겠네요. 또 어떤 방법이 있을까요?"

"책 찾는 컴퓨터가 있어요."

"네. 책 찾는 컴퓨터가 있죠. 그거 써 본 사람 있나요?"

"저 써 봤어요."

"컴퓨터에서 책을 어떻게 찾았죠?"

"제가 찾는 책 제목을 쓰면 돼요."

"그럼 우리가 찾으려는 미술 작품은 어떻게 찾을까요?"

"잘 모르겠어요."

"도서관에 가면 사서선생님이 계시니까 도움을 받도록 하죠."

미술 작품을 책으로 보는 까닭

미술 작품이나 화가에 관심을 가진 학생은 관련 정보를 책이나 인터넷으로 찾아봅니다. 책보다 쉽고 편하게 찾을 수 있는 방법이 인터넷입니다. 인터넷으로 미술 작품을 찾으면 정말 많은 작품이 나옵니다. 그런데 인터넷은 미술 작품마다 그 색깔이 다르고 선명도가 다릅니다. 어떤 작품은 가로-세로 비율이 어긋나기도 합니다. 책 역시 원작을 고스란히 살릴 수는 없지만, 그래도 인터넷과 달리 작품 비율이나 색감은 비교적 잘 살아 있습니다.

학생들과 함께 도서관으로 갑니다. 이번 도서관 나들이는 도서관에서 책을 제대로 읽기 위함이 아닙니다. 미술 작품이 수록된 책을 빌리기 위함입니다. 그러니 미리 사서선생님께 연락을 드려 양해를 구해 두는 것이 좋습니다. 학생들이 책을 빌리러 이곳저곳 다니는 모습을 살핍니다. 학생들은 보물이라도 찾는 듯 즐겁게 다닙니다. 처음에는 하나도 찾지 못하던 학생들이 금세 다 찾는데, 그 비결은 친구를 보고 따라서 찾기 때문입니다. 선생님이 찾아 주지 않아도 학생들은 다른 친구가 찾은 곳 가까이에서 비슷한 책을 빌립니다. 친구와 같은 책이라도 괜찮습니다. 같은 작가의 책이라도 괜찮습니다.

학생들과 도서관 가기

학생들과 도서관에 가면 좋습니다. 책이 많고 정리도 잘 되어 있습니다. 그런데 학생들을 데리고 도서관에 가 본 선생님들은 다시 가는 것을 꺼립니다. 학생들이 책에 푹 빠진 모습을 상상하고 가지만, 낯선 공간에서 만난 수많은 책 앞에서 어떻게 할지 몰라 방황하는 학생들이 많습니다. 교실에서보다 산만해지는 학생들이 훨씬 많이 보입니다. 그래서 도서관에 가기 전에 교실에서 미리 준비할 필요가 있습니다.

1. 교실에서 도서관 이용 방법을 자세하게 알려 줍니다.
2. 도서관에서 지킬 약속을 스스로 합니다.

영근 샘의 글쓰기 수업

3. 자주 가서 학생들이 익숙해지게 합니다.

학생들과 자신만만하게 도서관에 갔지만 바라던 결과를 얻지 못할 수도 있습니다. 도서관에서 빌려야 할 책이 학생 수만큼 없을 수가 있습니다. 그럴 때는 학생들 수준, 선생님의 의지에 따라 다르겠지만 보통 아래와 같은 방법을 쓸 수 있습니다.

1. 선생님이 한꺼번에 빌려 교실에 둡니다.
2. 모둠 또는 짝과 함께 빌려서 봅니다.
3. 친한 친구와 함께 빌려서 봅니다.

"선생님, 집에 책 있는데 그걸로 해도 되나요?"

"네. 그럼요. 그런데 도서관에서도 찾아서 읽어 보고 더 나은 것을 고르도록 하세요. 그러니 지금은 관련한 책을 하나 찾도록 해요."

작품이 들어 있는 책을 고르려고 도서관을 활용하지만 꼭 도서관에만 매달리지는 않습니다. 참사랑땀 반에는 책이 많은 편입니다. 그림책과 동화책이 많지만 위인전기도 많습니다. 위인전기에 나오는 화가를 보고 그의 작품을 고를 수도 있습니다. 모든 학생이 고를 수 있을 만큼 많지는 않지만 몇몇은 우리 교실 책에서 작품을 고르기도 합니다.

학교 도서관이나 교실에 있는 책이 아니어도 좋습니다. 집이나 다른 도서관에서 책을 구해서 읽어도 좋습니다. 그래도 모두가 함께 책을 읽는 시간을 가지는 것이니 다른 친구들이 책을 찾을 때는 함께 찾아서 읽게 합니다. 그렇게 읽어 보고도 집이나 다른 곳에서 구한 책이 좋다면 그렇게 해도 좋습니다.

도와주기

우리 학생들은 할 수 있는 힘이 다 다릅니다. 책을 읽건, 수학 문제를 풀건, 뜀박질을 하건 학생마다 차이를 보입니다. 자세하게 설명하지 않아도 흐름을 파악하는 학생이 있는가 하면 따로 불러 하나하나 도움말을 해야만 이해하는 학생도 있습니다. 흐름을 잘 파악하는 학생은 둬도 되지만, 이해하기 힘들어하면 도움을 줘야 합니다. 작품을 고르는 것부터 글에 무엇을 담을 것인지까지 도와 줍니다.

1. 많이 알려져 자료를 쉽게 구할 수 있는 작품 추천하기
2. 친한 친구와 같은 작품으로 해 함께 준비하게 하기
3. 부모님께 부탁해 학생과 함께 작품을 고르고 준비하게 하기

어떻게 읽을 것인가?

"도서관에서는 책을 훑어보도록 해요."

도서관에는 미술 작품과 관련된 책이 많습니다. 학생들은 책에 있는 미술 작품 중 하나를 고르는데, 도서관에서 고르는 것은 사실 어렵습니다. 꼼꼼하게 제대로 읽고서야 소개할 작품을 고를 수 있고, 소개할 내용도 생깁니다. 그럼에도 도서관에서도 읽게 합니다. 이때는 훑어보도록 합니다.

훑어보면서 작품을 고릅니다. '와, 이거 좋다' 하며 마음에 드는 작품이어도 좋고, '어, 이거 아는 작품인데' 하며 낯익은 작품도 좋고, '뭐지, 이건 낯선데' 하며 이제껏 내가 생각한 것과 다른 작품도 좋습니다. 전체 내용을 다 읽을 수는 없지만 훑어보기만 해도 책에 들어 있는 작품을 처음으로 만

영근 샘의 글쓰기 수업

나 인사를 나눌 수 있어 가치가 있습니다.

"자, 우리 다 같이 읽을게요."

학생들은 도서관에서 미술 작품이 들어 있는 책을 골랐습니다. 교실로 돌아와 고른 책을 바로 읽는 시간을 가졌습니다. 집에서 읽어 오라 하면 읽는 학생이 드물어 고른 책을 교실에 가져와서 다 같이 읽는 시간을 갖습니다. 책을 읽을 때는 혼자서 읽는 학생이 많습니다. 가끔은 짝과 함께 읽고 싶다고 하는데 함께 읽으라고 합니다.

도서관에 따라서는 학생 수만큼 미술 작품 관련 책이 없을 수도 있습니다. 학생들이 같은 책을 고를 수도 있습니다. 소개하는 글은 학생마다 따로 만들어 발표할 것이니 상관없습니다. 미술 작품이고 바로 글을 쓸 것이 아니기에 너무 부담 갖지 않고 읽게 합니다.

참사랑땀 반은 맨발교실이니 교실 바닥에서 읽기도 합니다. 교실에서 편하게 읽지만, 도서관에서 훑어볼 때와는 다른 분위기입니다. 조금 더 꼼꼼히 읽으며 소개할 작품을 고르라 합니다. 다른 사람이 책 읽는 것에 방해가 되지 않게 주의를 줍니다. 가끔은 조용한 음악으로 분위기를 내기도 합니다.

"선생님, 저 다 읽었어요."

어떤 책을 읽든 학생마다 책을 읽는 힘이 다릅니다. "저 다 했(읽었)어요." 하는 말은 어떤 활동에서든 들을 수 있습니다. 그래서 이런 말이 나오지 않게 하는 우리 반만의 방법도 필요합니다. 참사랑땀 반에서는 시간을 정합니다. "우리 이 책을 10시 30분까지 20분간 읽을게요. 그전에 다 읽은 학생은 한 번 더 보세요. 소개하는 글을 쓰려면 꼼꼼하게 읽어야 해요. 아쉽게도 이때까지 다 보지 못한 학생은 쉬는 시간이나 집에서 보세요. 미안해요." 다른 방법으로는 다 했다는 학생을 인정하는 방법입니다. "10시 30분까지 20분간 읽을 건데 먼저 책을 다 읽었거나 작품을 고른 사람은 선생님에게 말하세요. 그 학생들은 선생님에게 고른 작품을 말하고서 다른 활동(정해 주는 것이 좋습니다)을 하도록 하세요."

"선생님, 그림만 고르면 되죠?"

학생들은 작품만 고르면 되니 도서관에서 보듯 쓱 훑어보다 '나 이거 해야지' 하고 금방 정해 버릴 수 있습니다. 이런 학생이 읽는 방법이 틀린 것은 아닙니다. 그럼에도 미술 작품을 조금 더 천천히, 작품에 대한 안내와 작가 이야기도 읽어 봤으면 하는 바람이 있습니다. 그러니 책을 읽기 전에 "시간을 충분하게 줄 테니 책을 꼼꼼히 보면 좋겠어요. 물론 모두 다 읽을 수는 없어요. 어떤 작품이 마음에 든다면 그 작품에 대한 설명, 그린 사람(화가)에 대한 설명, 그 사람이 그린 다른 작품도 살펴보세요. 도움이 될 거예요." 하고 말해 둡니다.

미술 전시회에 가다

문화예술회관에서 미술 전시회가 열렸습니다. 참사랑땀 반 교실에 한 번 들러 미술 수업을 해 준 박건주 화가의 전시회입니다. 학생들과 오후 수업 시간에 미술 전시회에 다녀왔습니다. 수요일에 있는 미술 두 시간을 당겨서 내부결재를 했습니다. 걸어서 가니 안전을 위해 학부모도 한 분 모셨습니다. 이동할 때는 학부모가 맨 앞에, 영근 샘이 맨 뒤에서 갑니다.

갈 때는 남학생이 앞, 올 때는 여학생이 앞이었습니다. 둘씩 짝을 지어 가는데 갈 때는 원하는 친구끼리, 올 때는 모둠 짝과 왔습니다.

전시회에서 박건주 화가가 직접 작품 설명을 하고, 궁금한 것을 물으면 답을 해 주었습니다. 아이들은 마음에 드는 작품 앞에서 화가와 함께 사진도 찍었습니다. 박건주 화가는 이번 전시회 작품을 그릴 때 쓴 재료와 같은 종이와 미술 재료도 준비해 두었습니다. 그래서 학생들은 작품 앞에 앉거나 엎드려 직접 그림도 그렸습니다. 미술관이 이랬으면 합니다. 학생들은 그림을 그리며 작품을 아주 자세하게 봅니다.

작품 소개하는
글 쓰기

소개하는 글

우리는 일상에서 무엇을 소개하는 일이 많습니다. 학기 초에 친구들에게 나를 소개합니다. 작년에 몇 반이었고, 무엇을 좋아하는지 소개합니다. 앞으로 친구들과 어떻게 지내고 싶은지 소개합니다. 월요일이면 주말에 무엇을 했는지 친구들에게 소개합니다. 식구와 함께 나들이 간 이야기, 부모님에게 선물로 받은 레고로 무엇을 만든 이야기, 친구와 놀았던 이야기를요. 주말에 영화를 봤다는 말에 친구가 묻습니다. "무슨 영화? 내용은 뭐야?" 친구에게 영화 내용을 간단하게 소개합니다. 이렇게 우리는 일상에서 무엇인가를 소개하는 일이 흔합니다.

소개하는 글은 글의 갈래로 따지면 설명문입니다. 국어 교육과정에서 설명문은 3, 4학년에 시작합니다. 설명문은 있는 그대로 풀어내는 글입니다. 소개하는 글은 둘레에서 쉽게 볼 수 있습니다. 영화를 보기 위한 정보를 얻고자 할 때 영화 예매 창에 영화 소개가 있습니다. 책을 사려고 할 때 인터넷 서점 홈페이지에 책 정보도 있습니다. 무엇을 살 때 물건을 소개하

영근 샘의 글쓰기 수업

는 글을 읽어 보고 물건에 대한 정보를 알 수 있습니다.

무슨 글이든 마찬가지이지만, 소개하는 글을 잘 쓰기 위해서는 소개하는 대상을 제대로 알아야 합니다. 친구에게 영화를 소개한다면 영화를 본 이야기만 해도 되지만 그것보다 조금 더 자세하게 하면 좋습니다. 줄거리, 나오는 사람, 만든 사람과 시대상을 알면 영화를 소개할 때 더 좋습니다.

미술 작품을 소개하는 글도 마찬가지입니다. 작품에 대해 알아야 합니다. 작품을 구석구석 유심히 살피며 소개할 거리를 찾아야 합니다. 아울러 작품을 그린 사람, 그린 때, 그린 곳, 그린 까닭 따위를 알면 쓸 거리가 많아 좋습니다. 그러기 위해 책을 유심히 읽어야 합니다.

소개할 작품 고르기

"선생님, 어떤 작품으로 골라야 해요?"

"여러분이 보고 마음에 드는 작품으로 하세요. 작품을 유심히 살펴요. 그러다가 '아, 이거 좋다' 하며 마음에 울림이 있는 작품이 있다면 그걸로 하면 좋겠어요. 여러분이 조금 더 마음 편하게 할 수 있는 방법으로는 익숙한 작품을 고르는 것도 좋아요. 어디선가 보거나 들었던 작가나 작품이 더 편할 수 있어요."

"선생님, 여러 작품을 해도 되나요?"

"작품을 소개할 때는 하나에 집중하는 게 좋아요. 마음에 드는 게 많더라도 하나만 골라 보세요. 그 작품으로 하다가 마음이 바뀔 수 있어요. 그때는 다른 작품으로 해도 괜찮아요. 그런데 한 주 뒤에 발표이니 너무 늦게 바꾸면 안 되겠죠?"

"선생님, ○○가 저랑 같은 작품이에요."

"그건 괜찮아요. 같은 작품으로 해도 좋아요. 둘이 같은 작품을 보지만 소개하는 내용은 다를 수 있으니까요."

"저는 무엇을 해야 할지 모르겠어요."

"아, 그래요? 그럼 선생님이 하나 정해 줄까요? 선생님이 좋아하는 작품을 △△가 소개해 주면 선생님도 좋을 것 같은데. 소개할 내용을 정하기 어렵다면 그것도 도와줄 수 있고요."

소개하는 글 쓸 준비하기

학생이 준비할 것

학생들과 소개하는 글을 쓰려 준비하는 시간을 갖습니다. 물론 책에서 찾은 내용만 참고하여 작품 소개를 쓸 수도 있습니다. 그럼에도 준비 시간을 갖는 까닭은 작품과 조금 더 친해지고, 관심 갖고 자료를 찾길 바라는 마음입니다.

참사랑땀 반에서는 한 주 정도 자료 찾을 시간을 가집니다. 작품과 관련한 자료는 주로 인터넷을 이용합니다. 집에서 하는 학생이 대다수이지만, 여건이 되지 않는 학생들은 학교 컴퓨터실을 활용하게 합니다. 학생들이 주로 찾는 자료는 '작가는 어떤 사람인지', '고른 작품은 어떤 작품인지', '다른 사람이 그 작품을 어떻게 보았는지' 같은 내용입니다. 찾은 자료는 필요하다면 공책에 메모할 수도 있고, 인쇄해서 참고할 수도 있습니다.

선생님이 준비할 것

학생들이 관련 자료를 찾을 때 선생님도 준비할 게 있습니다. 첫날 학생들이 도서관이나 교실에서 책을 읽으며 작품을 정한다고 했습니다. 이때 학생들이 무슨 작품을 골랐는지 모두 확인해서 기록해 둡니다. 학생들이 고른 작품 이름을 눈으로 하나하나 다 확인해야 합니다. 학생들이 작품을 부르는 이름이 작가 이름일 때도 있고, 다른 이름일 때도 있습니다.

학생들이 고른 작품을 인터넷으로 찾습니다. 인터넷에는 이미지가 많은데 큰 그림으로 골라 저장합니다. 저장한 그림 파일을 한글 파일 양식에 넣습니다. 학생 이름에 그림 파일을 넣고 그림 제목도 함께 씁니다.

학생들이 소개하는 글을 쓸 양식지를 준비합니다. 양식지는 인쇄해서 연필로 쓰는데, 학생들이 고른 작품을 바꿀 수도 있기에 소개하는 글 쓰는 날에 다시 한번 확인하고서 인쇄해 줍니다.

소개하는 글의 구성

1. 들어가는 글

"자, 이제 글을 써 볼게요. 처음에는 무엇을 넣을 건가요?"

"작가 소개요."

"그것도 좋아요. 또 다른 학생은요?"

"이 작품을 고른 까닭이요."

"그것도 좋겠어요. 글을 읽는 사람이 작품에 관심을 갖게 하는 이야기를 들어가는 글로 쓰면 좋겠어요. 여러분이 말한 것처럼 작가 소개도 좋고, 작품을 고른 까닭도 좋아요. 작가를 소개하듯 여러분이 고른 작품을 조금 소개해도 좋아요. 책이나 인터넷에서 찾은 자료를 참고해서 써 주세요. 이때 들어가는 글이 너무 길지 않게 하는 것이 좋아요. 우리는 작품을 소개하는 게 목적이니까요."

2. 본문

"작품 소개하는 글을 쓰려 해요. 무엇을 쓸 건가요?"

"작품에 있는 사람이나 물건이요."

"네. 좋아요. 무엇이 들어 있는지 소개하면 좋겠네요."

"무슨 색깔인지요."

"그것도 좋겠어요."

"이렇게 작품에 있는 것을 담기 위해 필요한 게 있어요. 무엇일까요?"

"그림을 유심히 살펴야 해요."

"네. 그림을 보고 또 보세요. 많이 보다 보면 안 보이던 게 보일 수 있어요. 보는 방법을 조금만 소개할게요. 전체 그림을 보고서 하나하나 자세하게 볼 수도 있고, 위에서 아래 또는 옆에서 다른 옆으로 볼 수도 있어요. 어떤 친구들은 그림 속에 큰 것을 먼저 보고 작은 것으로 넘어가기도 해요. 어떤 방법이든 괜찮아요. 여러분 눈에 들어오는 대로 보도록 하세요. 이때 주의할 것으로는 여러분이 책이나 인터넷으로 찾은 건 쓰지 않았으면 해요. 여러분이 본 것으로만 써 주면 좋겠어요."

3. 나오며

"글을 다 썼어요? 마지막은 어떻게 끝내고 싶나요?"

"이 글을 마치며 드는 생각이나 느낌을 쓰고 싶어요."

"네. 글을 마칠 때 가장 많이 쓰는 게 느낌이에요. 또 뭐가 있을까요?"

"본문을 짧게 정리하는 것도 좋을 것 같아요."

"네. 글을 읽는 처지에서는 본문을 짧게 정리해 주면 도움이 되겠네요."

"선생님, 그것 말고도 어떤 게 있나요?"

"'더 보고 싶은 작품'을 들어도 좋겠어요. 내가 발표한 자료를 그린 작가의 다른 작품도 궁금할 것 같아요. 또 '바라는 점'이나 '하고픈 일'을 써도 좋겠어요. 작품이 있는 곳을 직접 가서 보고 싶다거나, 작가나 작품과 관련하여 직접 겪고 싶은 것(작가가 태어나거나 죽은 곳 가 보기, 작품이나 작가 관련 영화나 책 보기, 작가처럼 살아 보기 따위)도 있을 테니까요. 하나만 더 떠올린다면 '어려웠던 점'도 괜찮아요. 이 작품이나 작가를 조사하면서 어려웠던 점을 알려 줘도 글을 읽는 사람에게 도움이 되겠지요."

제목 : 부끄러운 줄 모르는 남자

이 그림(우물가)의 내용은 여자 세 명이 있고 남자 한 명이 물을 마시고 있습니다. 그런데 남자가 옷을 풀고 있습니다. 점수를 따려고 하는 것이지요. 그런데 여자 세 명의 표정은 다릅니다. 한 명은 고개를 숙이고 있고, 또 한 명은 오른쪽으로 돌리고 있고, 또 한 명은 얼굴을 찡그리고 있지요. 이 그림에서 느

낀 점은 남자가 부끄러웠습니다. 작가는 김홍도예요. 김홍도는 강세황의 제자예요. 화가지요. 색은 흑백이고 면으로 그렸습니다. 그리고 김홍도는 왜 이 그림을 그렸냐면 옛날에는 사진이 없어서 그 대신 그림으로 옛날에 무슨 일이 있었는지 보여 주기 위해 이런 그림을 그렸습니다. (참사랑땀 4학년 이수진)

제목 : 고흐의 별이 빛나는 밤하늘

고흐는 밤 풍경을 담아 여러 작품을 남겼어요. 이 그림(별이 빛나는 밤에)은 고흐가

생레미 정신병원으로 옮긴 뒤에 그린 그림이에요. 제 생각으로는 물결 모양이 많이 있는 건 아마도 정신이 휘말려 이런 휘말리는 듯한 모양을 그린 것 같아요. 그리고 고흐는 3년 동안 무려 150점이 넘는 그림을 그렸다고 해요. 다시 그림을 보면 커다란 나무가 있는데 이 나무는 고흐의 죽음을 표현한다고 해요. 그리고 빨간 색으로 동그라미 쳐 놓은 것은 제 생각으로 파도 같이 느껴졌어요. 커다란 나무, 고흐의 죽음 앞에 파도가 몰아치는 것 같아요. 그리고 커다란 나무가 고흐의 죽음이라면 다른 나무는 다 붙어 있는데 왜 고흐의 죽음인 큰 나무는 왜 떨어져 있을까요? 저는 '나는 혼자'라는 걸 표현한 게 아닌가 생각이 들어요. 고흐는 끝없는 우주와 위대한 신 앞에서 인간은 단지 작은 존재일 뿐이라고 생각했어요. 고흐의 그림을 보면 고흐는 어두운 그림을 많이 그리다가 화가들과 사귀면서부터 타는 듯한 열정적인 화풍으로 바뀌었대요. 저는 고흐의 마음은 다 알지는 못하지만 조사하면서 고흐의 출렁거리는 마음과 이 그림의 뜻을 조금 알게 된 것 같아요. (참사랑땀 4학년 한소연)

소연이 글은 설명문이라기보다는 감상문에 가깝습니다. 작품을 설명하다 보면 이런저런 생각이 떠오릅니다. 그 생각을 그림 설명으로 담았습니다. 자연스러운 모습입니다.

작품 그대로 따라 그리기는 해야 하나?

미술 관련 자료로 작품 도안을 볼 때가 있습니다. 학생들이 도안에 색칠을 하며 그 작품에 가까워지도록 하는 활동인데, 참사랑땀 반에서는 이런 활동은 거의 하지 않습니다. 그대로 따라서 색칠하는 것으로 작품을 보는 눈, 작품을 좋아하는 마음이 생길 것 같지 않아서입니다.

가끔 소개하는 글로 쓴 작품을 그리는 학생도 있는데, 그건 학생 자율입니다. 학생이 자기가 좋아하는 작품을 따라서 그리는 것은 영근 샘이 해라 마라 할 게 아니라 생각합니다.

💡 참사랑땀 반 미술수업

"선생님, 너무해요. 너무 재밌어요."

미술 수업을 하다가 학생이 한 말입니다. 그 말에 웃음이 났습니다. 무슨 미술 수업이길래 이렇게 재미있어할까요?

참사랑땀 반 미술 수업은 하고픈 미술을 합니다. 학생들은 미술 첫 시간에 미술 교과서를 살피며 미술 주제를 찾습니다. 그리고 찾은 미술 주제에 맞춰 미술 시간에 자기가 하고픈 것을 준비합니다. 한 시간 미술 수업인데 활동은 아주 다양합니다. 같은 주제를 고른 학생끼리 모여서 미술을 합니다. 친한 친구와 모여서 하는 편인데, 친한 친구와 하고픈 것을 하니 즐거울 수밖에 없습니다.

참사랑땀 반은 달마다 한 번 자연미술을 합니다. 모두가 교실을 벗어나 흙에 그림 그리기, 자연 살피고 그리기, 물로 그리기, 눈집 만들기 따위를 즐깁니다. 달에 한 번 하는 자연미술도 학생들이 무척이나 기다리고 즐거워합니다.

영근 샘의 글쓰기 수업

소개하는 글, 이렇게 써요

1. 도서관에서 소개할 작품을 고릅니다.

2. 학생들은 고른 작품 관련 책이나 자료를 더 찾습니다.

3. 선생님은 학생들이 고른 작품을 양식 종이에 넣습니다.

4. 들어가는 글은 작가 소개, 작품을 고른 까닭을 씁니다.

5. 본문은 작품을 하나하나 자세히 보면서 씁니다.

6. 나오는 글은 자기 생각이나 더 하고픈 말을 씁니다.

6장

발표하는 글

- 보고서 -

"심장이 터지는 줄 알았다."

- 4학년 학생이 쓴 일기 중 일부

무대(노래, 춤, 연극 따위를 하기 위하여 객석 정면에 만들어 놓은 단)에 섭니다. 무대 위에서 준비한 말이나 노래 또는 춤을 선보입니다. 알아들을 수 있게 말하고 함께할 수 있게 노래합니다. 움직임을 느낄 수 있게 춤을 춥니다. 무대 앞에는 무대를 보고 있는 사람, 관객이 있습니다. 관객들은 무대에 서 있는 사람, 그 한 사람에게 집중합니다. 무대에 선 사람이 하는 말을 귀담아 듣습니다. 부르는 노래에 흥얼거리거나 손뼉을 칩니다. 추는 춤에 어깨를 들썩입니다.

학생들 처지에서 겪는 무대에는 무엇이 있을까요? 가장 먼저 떠오르는 게 학예회(학습발표회, 장기자랑)입니다. 무대에서 노래하거나 춤을 추거나 악기를 연주합니다. 보통 이런 자리에는 혼자 서지 않습니다. 둘이거나 몇몇이 함께이거나 많은 학생들과 함께 섭니다. 혼자가 아님에도 무대에 선 학생들은 손이 떨립니다. 가슴이 콩닥콩닥거립니다. 이런 무대 경험이 한 해에 딱 한 번인 게 다행입니다. 한편으로는 한 번뿐이라 아쉽기도 합니다.

일상에서 무대 경험은 언제, 어디에서 할 수 있나요? 공연하는 사람이 아니면 이런 무대 경험을 할 때가 거의 없습니다. 무대의 의미를 조금 달리 해서 봅니다. 어디건 다른 사람들 앞에 서면 무대가 될 수 있습니다. 어른의 경우 회사에서 무대에 섭니다. '이런 사업을 해 보면 좋겠다'는 내용으로 발표(프레젠테이션)를 합니다. 여러 사람이 어울린 자리에서 즐겁게 노래 한 곡 뽑습니다. 흥겨움에 춤을 추기도 합니다.

교실도 무대가 될 수 있습니다. 칠판 앞에서 친구들을 보며 말하거나 노래하거나 춤을 추면 이 또한 좋은 무대입니다. 참사랑땀 반은 이런 무대 경험을 많이 합니다. 장기자랑도 하고 노래도 부르고 춤도 춥니다. 학생들이 주제를 정해서 하는 발표 또한 무대에 서는 것과 같습니다. 다른 사람 앞에 서는 것만으로도 무대입니다. 경험입니다. 무대에 서기 위해 준비하는 경험입니다.

이런 무대 경험을 위해 참사랑땀 반은 학기마다 두 번, 해마다 네 번씩 발표를 하고 있습니다. 처음에는 둘씩 함께 합니다. 그 뒤로는 개인으로 발표합니다. 처음에 둘이 하게 하는 까닭은 처음이 주는 부담을 조금이라도 덜기 위함입니다. 아울러 학생들 수준 차이로 발표 자료를 만들고 발표하는 것에 부담이 있는 학생들을 돕기 위함입니다.

수업 시간에 교과와 연계해서 발표합니다. 장기자랑과는 또 다릅니다. 발표 주제는 교과 지도 내용에서 정합니다. 국어나 사회 수업으로 위인을 주제로할 수 있습니다. 그밖에도 위인, 문화유적지, 나라, 우리 지역의 자랑거리, 여행한 곳, 좋아하는 것 따위로 발표할 수 있습니다. 이런 주제로 학교에서나 집에서 자료를 찾아 발표 자료를 만들어서 발표합니다. 학생들에게는 발표도 부담이지만 자료 만드는 것도 부담입니다. 하지만 회를 거듭할수록 학생들은 달라집니다.

수민이가 발표하는 모습에 놀랐습니다. 지금까지 세 번을 발표할 때 모두 어머니가 써 준 것이었거든요. 그런데 이번에는 자기가 쓴 것으로 발표를 합니다. 주제는 이런저런 퀴즈인데 재미도 있습니다.

"와, 오늘 수민이 보니 지난번보다 훨씬 좋네. 여러분, 우리가 몇 번 발표했는지 아나요?"

"네 번이요."

"뭐뭐 했지요?"

"1학기에 사회에 음, 문화재 같은 거 했어요. 위인도 했고요."

"맞아요. 1학기 사회 시간에 우리 지역 문화재와 역사 인물로 두 번, 2학기 국어 시간에 위인을 찾아서 했지요. 그리고 마지막은 자유 주제로 이제 끝나가네요."

"네. 맞아요."

"이번 마지막 발표를 보니 정말 좋아졌어요. 처음 발표할 때 누가 이렇게 일기를 썼어요. '심장이 터지는 줄 알았다.' 그런데 이번에 보니 모두가 너무나 자연스럽게 하네요."

"네. 많이 안 떨려요."

"이걸 무엇이라 하는 줄 아나요?"

선뜻 대답이 나오지 않습니다.

"자신감?"

"맞아요. 자신감인데, 이렇게 발표하며 앞에 자주 서는 걸, 이거라 해요."

칠판에 자음 네 개를 씁니다.

'ㅁㄷㄱㅎ'

"이거 뭘까요?"

대답이 안 나옵니다.

"여러분들 가수 좋아하는 사람 많죠? 가수들이 데뷔하기 전에 거울 보며 연습하는 게 이 까닭이야. 길거리에서 공연하는 것도 이것이고요."

한참이 지나서, "무대 경험?"이란 말이 나옵니다.

"맞아. 무대 경험!"

우리 기타 동아리가 군포 청소년 문화제 경험 덕분에 오산 청소년 동아리 축제에서 덜 떨렸고, 학교 체육관 개관식 무대에서는 떨림이 없거나 아주 적었다는 예를 들며, 지금 우리가 이번 발표에서 떨림이 없었던 것도 세 번의 무대 경험 덕분이라는 이야기를 했습니다.

"이게 무대 경험이에요. 굉장히 좋은 경험이지요. 그만큼 여러분이 큰 거예요. 축하해요."

1

발표하는 글
준비하기

어떤 주제를 할 것인가?

발표를 하기 위해서는 먼저 발표할 글을 준비해야 합니다. 발표할 주제를 무엇으로 할 것인지 정해야 합니다. 발표 전체를 아우르는 큰 주제는 선생님이 정하고, 그 주제 안에서 한 가지를 정해 발표하는데 이는 주로 학생들이 정합니다. 예를 들어, '동물의 한살이'가 큰 주제라면 학생들은 동물이나 곤충 가운데 하나 골라 한살이를 조사합니다. '우리 지역의 자랑거리'가 주제라면 학생들은 우리 지역에서 자랑할 곳을 하나 골라 그곳과 관련한 자료를 조사합니다.

참사랑땀 반에서는 교과에서 정해 주는 주제로 세 번, 학생들이 하고픈 자유 주제로 한 번 발표를 합니다. 교과에서 정하는 주제는 교과서 내용에서 정합니다. 주로 국어, 사회, 과학 교과에서 발표 주제를 정합니다. 미술가, 음악가, 운동선수, 좋아하는 미술 작품, 좋아하는 노래, 좋아하는 종목같이 예체능으로 할 수도 있습니다. 자유 주제는 '자유롭게 하는 것'이 큰 주제이고, 그 속에서 자기가 하고픈 것을 정합니다.

주제는 학기 초에 무엇을 할 것인지 미리 계획을 세웁니다. 그러기 위해서는 교과서를 살펴야 합니다. 발표 주제를 찾기 위해 교과서를 미리 살피면 묶을 수 있는 단원을 찾을 수 있습니다. 국어에서 기행문 관련 단원과 사회에서 지역 관련 단원을 묶어서 발표 수업으로 할 수 있습니다. 이렇게 정한 발표 주제는 학생들에게 미리 알려 주는 것이 좋습니다. 미리 알려 준다고 모든 학생이 자료를 찾거나 준비하는 것은 아닙니다. 그럼에도 발표할 주제를 미리 알려 주면 발표를 당연하게 받아들이는 학생이 많기 때문입니다.

참사랑땀 반은 마지막 발표는 '좋아하는 것'을 주제로 합니다. 마지막을 좋아하는 것으로 하는 까닭이 있습니다. 좋아하는 것이란 주제는 부담이 적습니다. 좋아하는 것을 찾고 만드는 건 즐거운 일입니다. 아울러 앞서 몇 번의 경험이 있기에 발표하는 것도 나름 익숙해졌습니다. 이렇게 좋아하는 것을 마지막에 하는 건 발표가 좋은 기억으로 남았으면 하는 바람 때문입니다. 이때 발표한 내용은 문집에 담기도 합니다.

좋아하는 주제를 개인 발표 첫 주제로 할 때도 있습니다. 발표 경험이 많지 않은 학생들이기에 주제라도 쉬우면 발표 준비를 덜 어려워할 것 같아서입니다. 좋아하는 주제를 처음에 할지, 마지막에 할지는 학년, 학생 상황을 봐서 하고 있습니다.

어떻게 쓸(만들) 것인가?

학생들은 발표할 주제를 정합니다. 이미 알고 있는 내용이거나 그 주제에 맞게 발표할 내용을 찾습니다. 그렇다고 바로 발표할 수는 없습니다. 발표는 늘 듣는 사람이 있습니다. 발표하는 학생은 듣는 학생을 위해 준비를 해야 합니다. 발표를 듣는 사람이 잘 이해할 수 있도록 발표할 내용을 제대로 엮어야 합니다. 잘 구조화하고, 알기 쉽게 써야 합니다. 발표를 듣는 학생 수준에 맞게 써야 합니다. 그러기 위해서는 선생님이 발표하는 학생 수준에 맞게 준비하도록 돕습니다.

발표할 주제를 정하고 나면 어떤 내용으로 준비할지, 발표할 내용을 어떤 차례로 구성할지 정합니다. 발표할 주제와 구상을 마쳤다면 발표할 글을 쓰거나 만들어야 합니다. 종이로 할지, 컴퓨터로 할지는 선생님이 정해 주는 것이 좋습니다. 처음 발표할 때는 더 그래야 합니다.

학생들에게 종이든 컴퓨터든 만드는 방법을 안내합니다. 말로만 해서는 어려우니 만든 것을 보여 주면 좋습니다. 이전(선배)에 했던 것을 보여 주는 것도 좋습니다. 경험이 전혀 없는 학생들에게 그냥 상상해서 만들어 보라고 하면 학생들은 머릿속에서 그려지는 게 없습니다. 먼저 만들어 발표한 것을 보여 주면 학생들도 조금은 감을 잡을 수 있습니다. 또 좋은 방법은 참사랑땀 반 다른 학생(친구)이 만든 것을 볼 수 있게 하는 겁니다. 발표가 끝난 후 발표한 것을 교실에 전시합니다. 만드는 걸 어려워하던 학생은 친구가 만든 작품을 참고해서 만들 수 있습니다.

발표는 차례대로 하거나 하고픈 학생이 먼저 할 수 있습니다. 참사랑땀 반에서는 하고픈 학생들이 먼저 하는데 먼저 발표하겠다는 학생들은 대개 발표에 자신 있거나 잘하는 학생들이기 때문입니다.

학교에서 만들기

발표하는 글을 집에서 만들기도 하지만 집에서 하면 잘 안 되는 학생들이 있어 교실에서 만드는 시간을 갖습니다. 학교에서 적어도 반이라도 할 수 있는 시간을 갖습니다. 학생에 따라서는 자기가 정한 주제에 알맞은 자료를 집에서 찾아와서 학교에서 만들기도 합니다. 학교 도서관에서 책을 빌려 만들기도 합니다. 이렇게 학교에서 함께 만들고 더 채우고 싶은 부분은 집에서 채웁니다.

예를 들어 국어에서 위인 관련 내용으로 발표를 준비한다면 우선 학생들은 교실에 있는 위인전에서 자기가 발표하고픈 위인을 고릅니다. 그리고 자기가 고른 위인의 전기를 읽습니다. 위인전을 다 읽은 학생들에게 도화지를 한 장씩 나눠 주고, 한 시간 남짓 발표할 글을 쓰게 합니다. 학교에서 이렇게 하는 까닭은 책을 바탕으로 발표 내용을 준비하기 위함입니다. 집에서 준비하도록 하면 많은 학생들이 인터넷에만 매달리기에 이렇게 하고 있습니다.

집에서 발표하는 글 만들기

요즘 우리 학생들이 참 바쁩니다. 그러니 참사랑땀 반은 학교에서 할 수 있는 것은 학교에서 마치려 합니다. 수학익힘책도 교실에서 다 풀려 애씁니다. 되도록 집까지 가져가는 숙제가 되지 않게 합니다. 발표하는 글도 학교에서 모두 만들기를 바랍니다. 그럼에도 학교에서 다 할 수가 없는 게 발표하는 글입니다. 학교에서 할 수 있는 만큼 하지만 집에서 마무리해야 합니다.

학교에서는 도움을 줄 수 없는 발표 주제도 있습니다. 짝과 함께 직접 탐구하거나 현장 조사하는 과제는 온전히 집에서 해야 합니다. 예를 들어 '우리 마을의 직업'을 조사한다면 컴퓨터로도 할 수 있지만, 직접 그 일을 하는 분을 찾아가서 조사하는 게 좋습니다. 이럴 때는 직접 찾아가서 자료를 준비하고, 만드는 것도 집에서 하는 경우가 많습니다.

집에서 만들지 못할 때는 발표할 글에 담을 내용 준비는 집에서 거의 다 하고 마무리는 학교에서 할 수도 있습니다. 우리 마을에서 일하는 분을 직접 면담하거나 사진으로 찍은 뒤 학교에 있는 준비물로 만드는 경우입니다.

종이로 발표하는 글 만들기

다른 친구들 앞에서 발표하는 글은 어떻게 꾸며야 할까요? 교실에서는 흔히 컴퓨터를 이용합니다. 하지만 참사랑땀 반은 조금 다릅니다. 발표할 때 컴퓨터를 쓰지 않고 준비하는 연습을 합니다. 물론 참사랑땀 반도 5, 6학년은 컴퓨터로 하기도 합니다. 컴퓨터와 종이(도화지)는 장단점이 다 있습니다.

참사랑땀 반에서는 종이로 만들어 발표하는 모습이 더 흔합니다. 종이로 하는 까닭은 누구나 할 수 있기 때문입니다. 이전 학년에서도 늘 해 오던 방법이니 익숙합니다. 무엇보다 종이로 만들면 학생이 직접 만들어야 하고, 그 결과물도 학생마다 다 다릅니다. 컴퓨터로 하면 문서 작성 기능에 너무 매달리는 경우가 많습니다. 복사해서 붙여넣기가 너무 많습니다. 종이로 만들면 컴퓨터처럼 화려하지 않지만 학생들마다 그 빛깔이 있습니다.

이렇게 좋은 점이 있지만 아쉬움도 있습니다. 종이 크기가 한정되니 뒤에서 글씨가 잘 보이지 않습니다. 그래서 학생들은 친구 발표를 귀담아 들어 뒀다가 나중에 환경판에 붙은 것으로 내용을 다시 확인합니다. 저, 중학년은 발표 수업을 할 때 거의 종이로 합니다. 굳이 학년으로 따질 필요는 없지만, 참사랑땀 반 기준으로 나눈다면 4학년보다 아래 학년은 종이로 만들고 있습니다.

영근 샘의 글쓰기 수업

종이로 발표하는 글을 만들면 그 결과물이 학생마다
다 다릅니다.

컴퓨터로 발표하는 글 만들기

발표 자료를 만들기 위해 컴퓨터실로 갑니다. 학생들은 컴퓨터실에 가는 것을 좋아합니다. 컴퓨터로 무언가를 만드는 것만으로도 즐거워합니다. 컴퓨터실에서 발표 주제에 알맞은 자료를 찾습니다. 학생들은 인터넷을 돌아다니며 관련 글과 사진 영상을 찾습니다. 장면마다 찾은 글과 사진으로 꾸밉니다.

참사랑땀 반에서는 컴퓨터로 발표 자료를 만들려 컴퓨터실을 가더라도 얼거리는 미리 짜고 갈 때가 많습니다. 큰 흐름을 장면마다 글로 써 둡니다. 파워포인트에 담을 사진을 미리 생각하고서 갑니다. 이 정도가 되려면 저학년은 어렵습니다. 참사랑땀 반에서는 5학년 이상일 때 컴퓨터로 만들고 있습니다. 컴퓨터로 만들 때 학생들에게 하는 도움말은 '글자는 발표 내용을 다 넣지 않고 중요 낱말만 크게 넣는다', '사진은 화면 가득 크게 넣는다', '출처를 밝힌다' 같은 것입니다.

컴퓨터로 만들기 앞서 얼거리 짜기

1. 제목	2. 목차	3. 주제: 　자료:
4. 주제: 　자료:	5. 주제: 　자료:	6. 마치며

발표는
어떻게 할까?

발표의 세 가지 요소

1. 발표하는 학생

참사랑땀 반에서는 모두 발표를 해야 합니다. 준비하는 시간을 미리 갖습니다. 발표할 때가 되면 하루 전날, 다음 날에 발표할 학생을 정합니다. 빨리 하고픈 학생들은 먼저 하게 합니다.

발표하는 시간이 되면 발표하는 학생은 쉬는 시간에 발표 준비를 미리 해 둡니다. 발표할 종이는 칠판에 붙입니다. 참사랑땀 반은 발표 종이를 주로 4절지로 하는 편인데 그 정도면 충분합니다. 발표하는 경험이 중심이고, 발표한 내용이 잘 안 보이면 발표가 끝난 후 게시한 것을 살피기 때문입니다. 컴퓨터로 할 발표는 쉬는 시간에 컴퓨터에 옮겨 둡니다. 텔레비전으로 화면을 보여 주면서 내용을 발표합니다. 화면을 넘길 때는 마우스포인터(화면 넘기기)를 준비해 스스로 넘기게 하고 있습니다.

학생들은 발표를 마치며 문제를 냅니다. 문제는 꼭 내야 하는 것은 아닙니다. 그럼에도 문제가 주는 즐거움이 있으니 스스로 준비합니다. 문제를

학생(1)은 미로를 그렸습니다. 그린 미로를 복사해 와 학생들에게 나눠 줍니다. 먼저 푼 학생들에게 선물을 줍니다. 영근 샘도 했습니다. 두 번째로 길을 찾아 선물을 받았습니다.

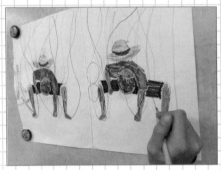

학생(2)는 그림 그리는 걸 좋아합니다. 그림을 두 개 그렸습니다. 서로 다른 걸 다섯 개 찾게 합니다. 다섯 학생이 나와서 찾는데 영근 샘도 손을 번쩍 들어서 찾았습니다.

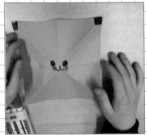

학생(3)는 종이접기를 준비했습니다. 학생들에게 종이를 나눠 주고 직접 접어 보도록 합니다. 영근 샘 앞에 앉은 지현이가 끝날 때쯤 묻습니다. "선생님은 왜 안 접어요?" "아, 그러네. 미안." 사실 영근 샘은 종이접기를 정말 못합니다.

영근 샘의 글쓰기 수업

맞힌 학생에게 줄 선물을 준비하는 학생도 있습니다. 문제를 맞히기 위해 학생들은 열심히 듣습니다. 선물이 없어도 귀와 눈을 끄는데 선물까지 있으면 문제를 풀기 위해 더 신경 써서 듣습니다. 영근 샘도 문제 풀이에 함께 하며 선물을 받으려 애씁니다.

4학년 학생이 '안데르센'을 발표하는데 발표 내용을 다 외워서 합니다. 연도와 날짜까지 외웠습니다. 집에서 얼마나 연습했을까 하는 생각이 듭니다. 이 학생이 집에 있던 안데르센이 쓴 동화를 가져왔다며 책 다섯 권을 보여 줍니다. 발표를 마치며, "이거 내가 어릴 때 보던 거라 낙서가 있기도 해. 낙서는 하지 말고 보면 좋겠어." 하고는 그 책을 칠판에 세워 둡니다. 발표를 마치고 쉬는 시간, 그 책을 보는 학생이 있습니다.

2. 듣는 학생

듣는 학생 처지에서 보면 발표하는 학생은 내 친구입니다. 친구가 하는 발표를 들으니 부담이 없고 즐겁기까지 합니다. 선생님이 하는 수업보다 훨씬 더 집중하고 즐거워합니다. 또한 발표하는 학생이 친구이니 친구가 자신 없어 할 때는 힘내라고 말하거나 응원하는 눈빛을 보냅니다. 친구가 발표를 잘 마치면 내 일마냥 손뼉을 치며 좋아합니다.

참사랑땀 반에서는 듣는 학생들에게 발표 내용을 쓰게 합니다. 배움 공책이나 글똥누기에 발표 내용에서 들은 것을 하나라도 간단하게 씁니다. 학생들 발표 내용을 나중에 평가한다고 미리 말해 둡니다. 학생들은 친구들이 하는 내용에서 하나에서 세 개 정도는 써 둡니다. 꼭 평가를 위해서가 아니더라도 발표하는 학생들이 내는 문제를 풀기 위해 쓰기도 합니다.

참사랑땀 반 모두가 발표를 마칩니다. 이때 모든 학생들에게 양식 종이를 주고서 친구 이름-발표 주제-발표 내용을 쓰게 합니다. 수행 평가 자료

이기도 합니다. 학생들은 써 둔 내용을 보며 양식 종이를 채워 갑니다.

학생들이 발표할 때 학생들만큼 정성껏 듣는 사람이 있습니다. 바로 영근 샘입니다. 학생들이 하는 발표를 학급살이 기록지에 하나하나 써 가며 듣습니다. 학생이 발표를 마치고 질문을 받으면 영근 샘도 함께 손을 들고 참여합니다. 손을 드는 학생이 많을 때는 손을 들지 않고 양보하기도 합니다. 발표한 학생에게 친구들이 칭찬할 때 영근 샘도 함께 칭찬합니다.

3. 칭찬하기

누구든 다른 사람 앞에서 발표할 때면 떨리고 긴장합니다. 용기 내어 발표를 마치면 긴장이 풀리면서 후련합니다. 이 학생에게 필요한 것은 무엇일까요? 한때는 발표 때마다 좋은 점보다 아쉽거나 모자란 점을 짚기만 했습니다. 그러니 학생들은 표정이 굳었고 눈물을 보이기까지 했습니다.

참사랑땀 반은 발표할 때마다 칭찬으로 마칩니다. 발표를 마치면 듣던 학생 중 셋에서 다섯 정도가 발표하는 친구의 잘한 점을 말합니다. 칭찬하는 내용은 '앞을 보고 했다', '준비를 잘했다', '목소리가 컸다' 등이 많이 나옵니다. 칭찬으로 마치는 까닭은 발표가 좋은 것임을 알게 해 주기 위함입니다. 발표할 때 학생이 보여 준 힘을 인정하고 그 힘 위에 조금 더 커가길 바라며 지금 가진 힘을 칭찬합니다. 그러면서 우리 반 발표 모습이 바뀌었습니다.

위인을 발표하는 첫날입니다. 여학생이 '샤넬'을 발표합니다. 자기가 써 온 자료를 하나도 보지 않고 태어난 해, 큰일이 있었던 해를 말합니다. 준비를 많이 했습니다. 가장 큰 재미는 샤넬 향수였습니다. 준비한 종이에 한 번씩 뿌려서 냄새를 맡을 수 있게 합니다. 영근 샘도 팔목에 뿌려서 맡았습니다. 문제도 준비해 선물까지 줍니다. 발표를 모두 마쳤습니다. "자, 칭찬해 주세요."

- 발표할 때 앞을 보고 있어 친근했다.
- 1학기에는 종이를 보고 했는데 이번에는 앞을 보고 했다.
- 자신감이 넘쳤다.

이어서 몇 명이 더 발표했고, 학생들이 칭찬한 내용입니다.

- 학생(1)(포드) : 목소리가 컸다, 재미있게 말했다, 조금 버벅거리기도 했지만 끝까지 노력했다.
- 학생(2)(아인슈타인) : 종이를 보지 않고 발표한다, 목소리가 컸다, 사진이 아니라 그림으로 그렸다, 말을 또박또박 했다.
- 학생(3)(김홍도) : 발표를 잘했다, 안 보고 말했다, 목소리가 컸다.
- 학생(4)(이순신) : 안 보고 했다, 그림을 그려서 했다, 조사를 많이 했다, 이순신을 몰랐는데 알게 되었다. (영근샘 : 그렇지. 이런 게 발표를 잘 들어야 하는 까닭이야. 내가 몰랐던 것을 친구가 조사해서 알려 주니까.)

- 학생(5)(테레사) : 생각이 많아 듣기가 좋았다, 글에 자기 생각이 많아서 좋았다, 사진이 커서 뒤에서도 잘 보였다.

발표를 위한 도움말

알고서 해야 한다

"발표하는 사람은 내용을 알고 있어야 해요. 발표하는데 어떻게 내용을 모르겠냐고 생각할지도 모르겠어요. 맞아요. 실제 제대로 아는 학생이 더 많을 거예요. 그럼 이 말은 무슨 말일까요? 조사를 했지만 제대로 이해하지 못했다면 그건 잘 모르는 것과 같아요. 조사할 때 내용이 어렵다면 학생들이 알 수 있는 말로 쉽게 말할 수 있어야 해요. 내가 만들지 않고 다른 사람이 도왔다면 잘 모를 수 있어요. 직접 만들지 않았거나, 조사했지만 제대로 알지 못하면 표가 나요. 발표하는 사람이 자신이 없거나 발표할 자료를 보고도 말하기 어려워해요. 그러니 우선 나부터 제대로 알아야 해요."

뒷사람이 들리게 하세요

"발표는 두 가지로 듣는 사람들에게 전달해요. 하나는 만든 자료고, 다른 하나는 목소리예요. 종이든 컴퓨터든 발표 자료를 만들었다면 더 잘 보여 줄 방법은 딱히 없어요. 그런데 목소리는 조금만 애쓰면 더 잘 전달할 수 있어요. 발표할 때는 전달하려는 내용도 중요하지만 그 내용을 전달하는 목소리도 중요해요. 그러니 맨 뒷자리에 앉아 있는 친구에게까지 전달할 수 있도록 크게 해야 해요. 목소리는 사람마다 다르긴 해요. 목소리가 원래 작은 사람도 있어요. 그런 사람은 마이크를 써도 좋아요."

집에서 연습하세요

"앞에 나오면 떨려요. 그러니 발표하기 전에 미리 집에서 연습해 보세요.
부모님을 앞에 모시고서 연습해요. (개미 목소리로) '안녕하세요.' 하면 부모
님이 '크게.' 할 거고, 그러면 여러분은 (천둥 목소리로) '안녕하세요.' 하고 말
하게 될 거예요. 또 여러분이 (삐딱하게 서서는) '안녕하세요.' 하면 부모님이
'바르게 서서.'라고 하실 거고, 그럼 여러분은 (바르게 서서) '안녕하세요.' 하
겠죠. 또 (종이만 보려 종이로 얼굴을 가리고) '안녕하세요.' 하면, '종이 내리고.'
할 거고, 그럼 여러분은 (종이를 내려 얼굴이 보이게) '안녕하세요.' 하겠죠. 이
렇게 집에서 연습할 수 있어요."

질문한 걸 칭찬해요

"우와, 깜짝 놀랐어요. 우리 ○○이 때문에. 왜냐하면 ○○은 세 명이 발
표할 때마다 물었어요. '원시 물고기는 뭐죠?', '거북이는 어디에서 많이 사
나요?', '치타 꼬리는 무슨 역할을 하나요?' 하고요. 이걸 왜 칭찬하느냐면
질문을 하기 위해서는 잘 들어야 하거든요. 듣다가 궁금한 게 발표에 나오

지 않으니 물은 거거든요."

같이하면 좋겠어요

"이건 둘이서 같이하는 것이잖아요. 그런데 같이하지 않고 친구에게 맡겨 버리는 학생들이 있어요. 친구와 무슨 활동을 하건 이렇게 자기는 하지 않고 맡겨 버리면 친구들이 누가 같이하려고 하겠어요. 친구와 함께하면 좋겠어요. 조사, 만들기, 발표 연습도 같이하면 좋겠어요." 학생들이 친구와 함께 만납니다. 만나서 무엇을 만들지 궁리합니다. 학생들 얼굴에 웃음이 돕니다. 친구와 이야기를 나누면서요.

영근 선생님의 좋은 점

4학년 여학생 둘이 발표합니다. 2인 1조로 발표하는데 주제가 '영근 선생님의 좋은 점'입니다. 좋은 점으로 네 가지를 말합니다. '심심책읽기를 한다. 텃밭을 만들어서 한다. 기타 동아리를 가르친다. 노래를 많이 불러 준다.' 발표를 듣는데 내 입이 귀에 걸립니다. 학생들도 발표를 들으며 날 놀리기도 하고 웃기도 합니다. 학생들 질문이 이어집니다.

"혹시 영근 선생님의 좋은 점은 더 없나요?"

"셀 수 없이 많아요." "하하하."

"그럼, 그것 빼고 하나 더 말해 주세요."

"수업을 재미있게 해 줘요."

"이 주제를 고른 까닭은 무엇인가요?"

"영근 선생님의 좋은 점이 많아서 알려 주고 싶어서요."

　　　　　　　　　　　　　　　영근 샘의 글쓰기 수업

"영근 선생님의 나쁜 점은 뭐가 있나요?"

"난 없어. 그건 네가 찾아 봐."

발표, 한 번으로도 성장한다

2인 1조 첫 발표를 마치고 개인 발표를 합니다. 토론하고 모둠 활동으로 발표도 자주 했으니 잘할 것 같으면서도, 혼자서 자료를 찾고서 그것으로 발표 자료를 만들어 다른 사람들 앞에 서는 게 걱정이기도 합니다. 한 시간 동안 여섯 학생이 발표를 했습니다. 주제도 다양합니다.

- 틀린 그림 찾기 : 그림을 두 개 그리고 틀린 그림을 찾는다.
- 강아지 : 집에서 기르는 강아지를 소개한다.
- 인기 있는 노래 : 인기 있는 요즘 노래 목록을 소개한다.
- 넌센스 퀴즈 : 문제를 내고 답을 맞춘다.
- 권투 : 기본 동작을 소개한다.
- 동물 : 세상에서 가장 큰 동물과 가장 작은 동물을 소개한다.

모두가 재미있습니다. 틀린 그림도 노래도 퀴즈도 재미있습니다. 강아지는 직접 기르는 것을 소개하니, 그 학생을 조금 더 알 수 있어 좋습니다. 무엇보다 권투가 재미납니다. 권투를 배우는 학생이 직접 동작을 몸으로 보여 줍니다. 영근 샘과 함을 맞춰 시범도 보였습니다. 모두가 다 같이 2분 정도 스텝을 밟으며 숨을 헐떡거리기도 했습니다.

이날 발표에서 가장 오래 기억에 남는 것은 동물 발표였습니다. ○○이가 발표하는데 학생들 반응이 정말 뜨겁습니다. 발표 준비를 연필로 해 글자가 보이지도 않지만, 큰 목소리로 세상에서 제일 큰 동물과 제일 작은 동물을 여러 갈래로 나눠 소개하니 학생들은 "와!" 하고 놀라며 듣습니다. 이렇게 ○○이가 발표를 잘할 것이라는 기대가 적었기에 더 그렇습니다. 보통 때와 다른 모습이었습니다. 보통 때의 장난기는 없고 진지하며 정성스럽습니다. 발표가 끝나고 영근 샘은 일어서서 손뼉을 쳤습니다. 그리고 꼭 안아 줬습니다. "정말 잘했다."

해마다 발표 수업을 하는 까닭은 이런 모습 때문입니다. 학생들은 이런 수업을 즐거워하면서 한두 번으로 금세 성장한 모습을 보입니다. 처음 발표에는 서 있는 것도 말할 때 떨리는 것도 낯설고 힘들어했습니다. 그런데 이번 두 번째 개인 발표에서는 다릅니다. 딱 한 번, 한 번이면 됩니다.

사람 말을 알아듣는 동물에 대해서 조사했습니다. 발표를 시작하겠습니다. 코끼리는 포유류이고 수명은 60~70년입니다. 가족 단위로 30~40마리가 집단  을 이루며 삽니다. 물 목욕을 좋아하고, 먹는 음식은 나무껍질과 파파야 열매 그리고 풀을 먹습니다. 코끼리는 두뇌 크기가 사람보다 2~3배 정도 큽니다. 가족끼리 함께 다니며 살고 있는 코끼리들은 동료들과 언제 협력해야 할지 정확하게 이해하고 빠르게 실행합니다. 귀로 열을 내보내서 덥지 않게 하고 손가락 두 개처럼 생긴 코끝으로 물건을 잡을 수도 있습니다. 사람들은 오래전부터 코끼리를 서커스나 쇼에 내보냈습니다.

영근 샘의 글쓰기 수업

다음으로 앵무새에 대해 알아보겠습니다. 앵무새는 조류입니다. 크기는 소형에서 대형으로 나뉘고 있는데요. 소형은 10cm, 대형은 99cm까지 있습니다. 알라딘에 나오는 자파가 키우는 게 대형 앵무새 입니다. 수명은 크기나 사는 환경에 따라 50~60년까지 입니다. 다섯 살, 여섯 살 아이의 지능을 가지고 있을 정도로 똑똑한 앵무새는 가정에서도 많이 기르고 있습니다. 사람처럼 통통한 혀를 가지고 있어서 말을 할 수 있지만 일주일 이상 가르쳐야 할 수 있고 어릴 때부터 훈련을 시켜야 합니다. 또한 시력이 가장 발달한 동물이여서 사람들이 구별 못하는 색깔까지도 구별할 수 있습니다. 앵무새 중에서도 지능이 높은 회색 앵무는 간단한 덧셈과 뺄셈도 이해합니다.

돌고래에 대해 알아보겠습니다. 돌고래는 포유류입니다. 폐가 있어서 공기를 마시며 숨을 쉽니다. 체온은 언제나 36도를 유지하고 시력이 좋아서 앞을 보면서 뒤쪽도 볼 수 있습니다. 수명은 약 25년이지만 수족관에서는 4년 정도 살다 죽는다고 하며 작은 물고기나 오징어를 먹고 삽니다. 태어나자마자 헤엄을 칠 수 있는 돌고래는 여섯 달 정도 젖을 먹고 그 뒤로는 물고기를 먹습니다. 거울 속에 비춰진 자신을 알아보고 이름으로 서로를 구별할 수 있는 돌고래는 똑똑하고 온순한 동물입니다. 일곱 살, 여덟 살 아이의 지능을 가졌고 초음파로 서로 의사소통을 하며 인간과 비슷한 감정을 느낄 수 있습니다. 감정을 표현하는 능력이 뛰어나 공동 육아, 위기에 빠진 동료를 도와주는 모습도 볼 수 있습니다.

마지막으로 침팬지에 대해 이야기하겠습니다. 침팬지는 포유류 영장목입니다. 여기서 영장류란 인간과 원숭이가 속하는데요. 엄지손가락을 다른 네 손과 마주보게 하고 물건을 잡으며 관절을 자유롭게 움직일 수 있는 동물을 말합니다. 약 60년 정도 살 수 있고 식성은 잡식성입니다. 과일, 식물, 흰개미를 좋아합니다. 동물 중에서 아이큐가 가장 높은 동물이 침팬지라고 하는데요. 침팬지 종류 중에서도 보노보 침팬지가 가장 지능이 높다고 합니다. 침팬지에게 숫자 교육을 시키고 1부터 10까지 차례대로 누르며 바나나를 주는 실험을 했는데, 10문제

중에서 1문제만 틀렸다고 합니다. 집단을 이루고 살면서 서로 의사소통이 가능한 동물이며 과일의 속껍질까지 까먹고 도구를 이용하는 동물입니다.

제가 오늘 발표한 사람 말을 알아듣는 동물들은 평균적으로 높은 지능을 가지고 있습니다. 그래서 오랫동안 쇼에 이용되고 있는데요. 말 못하는 이 동물들은 학대받고 죽어가고 있습니다. 동물 학대인 동물쇼, 서커스는 없어져야 한다고 생각합니다. 친구들도 어딘가에 여행을 가서 동물쇼가 있으면 관람하지 않았으면 합니다. 그럼 이것으로 발표를 마치겠습니다. 들어 주셔서 감사합니다.

(참사랑땀 3학년 정현서)

💡 발표로 커 가는 아이들

"오늘 참사랑땀 반에서 마지막 발표를 했어요. 우리 반은 학기에 두 번 남들 앞, 칠판에 서서 발표를 해요. 처음에는 친구와 함께 준비해서 했고, 이번에는 혼자서 '동물의 한살이'를 발표했어요. 오늘 마지막으로 세 학생이 했는데, 한 학생은 한 달 가까이 자기가 발표해야 한다는 것을 몰랐어요. 못 챙긴 제 탓도 있지만요. 어머니와 통화를 해서 발표를 준비하게 했어요. 고슴도치에 대해 발표했는데, 집에서 키우는 고슴도치도 직접 데려왔어요. 늦게 발표했지만 학생들은 좋아했어요.

다른 한 학생은 월요일에 발표를 하라고 하니 눈물을 뚝뚝 흘리며 일어나지도 않았어요. 친구들도 해 보라고 응원했지만 못하겠다고 해요. 예전이면 화를 내며 억지로 하게 했을 것 같아요. 그런데 이제는 기다려요. 다음에 하고 싶다고 해서 오늘까지 미뤘어요. 발표하는데 학생의 떨림이 숨소리로 느껴져요. 그럼에도 끝까지 했어요.

질문을 마치면 친구들이 칭찬을 하는데 '○○가 월요일에는 자신 없다고 울었는데, 오늘 용기 내어 해서 좋았어.'라고 칭찬해 줬어요. 저는 그 학생에게 손뼉을 처 줬어요. 그 학생이 할 때까지 기다린 건, 그 학생에게 발표는 정말 하기 싫거나 힘든 일일 거란 생각이 들었기 때문이에요. 제가 그랬거든요. 저는 연극이나 레크리에이션을 시키면 미칠 것 같아요. 정말 못하겠어요. 그때 생각이 났어요. 저 학생도 그렇겠구나."

발표하는 글, 이렇게 써요

1. 학기에 두 번, 1년에 네 번 발표 수업을 합니다.

2. 처음 발표할 때는 둘이서 하고, 그 뒤로는 혼자서 합니다.

3. 발표하는 글은 도화지에 손글로 하거나 컴퓨터로 합니다.

4. 발표하는 글은 학교에서 자료를 찾아 바로 쓰며 집에서 보충합니다.

5. 발표할 때 듣는 학생들은 하나라도 글로 써 알려고 애씁니다.

6. 발표를 마치면 듣는 학생들이 발표한 학생을 칭찬합니다.

7장

책 읽고 글 쓰기

- 간추리기, 독서감상문 -

"선생님, 이제 뭐 해요?"

"뭐 하면 될까요?"

"음, 책 읽어요."

초등학생 때 공부를 위해 길러야 할 힘에는 무엇이 있을까요? 아무리 따져 봐도 네 가지로 정리가 됩니다. 바로 '듣기, 말하기, 읽기, 쓰기'입니다. 듣고 말하는 건 늘 일어나는 일입니다. 제대로 말하고 듣는 기회를 갖기 위해 참사랑땀 반에서는 월요일 아침에 주말 이야기를 합니다. 수업에서도 발표하는 기회를 많이 갖습니다. 읽기와 쓰기는 조금 다릅니다. 책 읽기와 글쓰기는 학생들마다 좋아하고 싫어하는 정도, 잘하고 못하는 정도가 많이 갈립니다. 듣기와 말하기처럼 쉽게 할 수 있고 늘 하면 좋겠는데 말입니다.

"선생님, 이제 뭐 해요?"

학생들은 할 일을 마친 자투리 시간에 무엇을 할지 물을 때가 많습니다. 그때면 옳거니 하고는 책으로 이끕니다. "그래? 그럼 책 볼래?" 하며 꼬드깁니다. 학기 초 공부하는 첫 시간에, "우리 반은 자투리 시간에 책을 읽어요." 하고 말해 주기도 합니다.

참사랑땀 반은 교실에 책이 많은 편입니다. 그림책과 글책이 함께 있는데 그림책이 조금 더 많습니다. 〈개똥이네 놀이터〉라는 달마다 나오는 어린이 잡지도 이제껏 나온 게 거의 다 있습니다. 이 잡지는 학생들이 너무 좋아해서 날짜를 정해 두고서 보게 합니다. 교실에 책이 많이 있으니 학생들은 언제든 책을 볼 수 있습니다.

"부모님이 책 읽는 모습을 아이들에게 많이 보여 주세요."

학부모 상담 때 아이가 책을 잘 안 읽는다는 부모님들에게 조심스럽게 건네는 말입니다. 자녀에게는 책 읽으라면서 부모가 책 읽는 모습을 보이지 않는다면, 그 자녀가 책을 좋아하기는 쉽지 않습니다. 아이들은 자주 만나는 사람이 하는 행동을 보고 또 봅니다. 그리고 좋아하는 사람의 모습을 그대로 따라 하려 합니다. 초등학생들은 좋아하는 사람, 부모님 모습을 그대로 따라 합니다.

이런 모습은 교실에서도 같습니다. 학생들은 많은 시간을 선생님, 친구들과 함께 지냅니다. 학생들은 선생님이 하는 모습을 자주 보고, 선생님을 좋아합니다. 그래서 영근 샘 또한 교실에서 학생들에게 책 읽는 모습을 보이려 애씁니다.

학생들은 영어나 체육 같은 교과는 우리 교실이 아닌 다른 곳에 가서 전담 선생님에게 배웁니다. 영근 샘은 전담수업을 마칠 시간이 되면 하던 일을 멈추고 책을 읽습니다. 학생들이 교실로 들어서며 선생님이 책 읽는 모습을 봅니다. "선생님, 뭐 읽으세요?" 하고 관심을 보이기도 하고, "선생님은 정말 책 좋아하시네요." 하며 영근 샘을 칭찬하기도 합니다. 영근 샘은 늘 책 읽는 모습으로 전담수업을 마치고 온 학생들을 맞습니다. 그뿐이 아닙니다.

"자, 선생님이 책 하나 읽을게요."

영근 샘은 학생들에게 책을 자주 읽어 줍니다. 1학년을 3년 할 동안에는 날마다 한 권씩 읽어 주기도 했습니다. 중, 고학년을 할 때도 주에 몇 권은 읽어 주었습니다. 교과 진도에 바빠도 자투리 시간을 만들어 책을 읽어 주는 까닭이 있습니다. 책을 읽어 주며 책이 재미있음을 느끼게 하기 위함입니다. 책 읽는 학생들 모습은 극과 극입니다. 책이 좋아 푹 빠진 학생이 있고, 책을 거들떠보지도 않는 학생이 있습니다. "자, 책 보세요." 하고 책 읽는 시간을 주지만 책을 잘 안 보던 친구들은 그것도 크게 도움이 안 됩니다. 책이 재미있음을 느껴본 적이 없기 때문입니다. 이런 학생들도 책을 읽어 주면 푹 빠져서 듣습니다.

책을 읽고 무엇인가를 해야 할까요? 여기에 대답은 사람마다 다 다를 수 있습니다. 그 사람이 가진 생각(철학, 가치관)에 따라 다를 것입니다. 영근 샘은 책을 읽고 모두가 다 같은 활동하는 것은 지양하지만 책 읽고 한 줄이라도 글로 남기는 활동은 꼭 하고 있습니다. 글로 남길 때는 두 가지를 합니다. 바로 글간추리기와 독서감상문입니다.

영근 샘의 글쓰기 수업

책 모둠

참사랑땀 반은 모둠살이를 합니다. 모둠 활동을 모둠살이라 말한 까닭은 모둠마다 맡은 역할이 있고, 모둠이 끝날 때까지 6주 동안 이 역할을 계속하기 때문입니다. 그 가운데 책 모둠이 있습니다.

책 모둠이 가장 기본으로 하는 일은 책 정리입니다. 이것만으로는 학생들이 좋아할 리 없습니다. 책 모둠은 책과 관련한 행사를 스스로 만들어 진행합니다. 이제껏 책 모둠에서 한 행사를 보면, '책 표지 그리기, 책 제목 맞히기, 책 속에 보물을 찾아라, 책 주인공 맞히기' 따위입니다. 책 모둠 행사로 참사랑땀 반 학생들은 책 가까이에서 놀고 있습니다.

참고로, 이밖에 우리 반 모둠이 맡는 역할에는 환경(교실 환경판을 맡는다), 동아리(중간놀이시간이나 점심시간에 놀 동아리를 만들고 이끈다), 신문(달마다 학급 신문을 만든다), 나들이(교실 밖으로 나갈 때 맨 뒤에서 안전을 도맡는다), 또래중재(학급에서 일어난 싸움을 중재한다), 텃밭(텃밭을 맡는다)이 있습니다.

1

책 읽고
글 간추리기

책 읽고 이야기 나누기

"나 어제 영화 봤어."

"무슨 영화인데?"

"어, 〈○○○○○〉인데 무척 재미있었어."

"나도 보고 싶다. 그런데 어떤 내용이야?"

학생이든 어른이든 일상에서 자주 겪는 일입니다. 우리가 본 영화나 드라마를 간추려서 말하는 건 누구나 할 수 있습니다. 아이들도 친구에게나 식구에게 몇 줄로 간추려서 소개합니다.

"자, 지금 읽은 책을 간추려 볼게요."

"못하겠어요."

늘 하던 간추리는 일을 글로 써 보자고 하면 어려워합니다. 왜 학생들은 늘 하던 것을 수업에서 하자고 하면 두려워할까요? 글쓰기가 낯설어 하기 싫은 것도 있겠지만, 그것보다는 쓴 글로 평가를 받기 때문이 아닐까 싶습니다. 틀린 글자 지적부터 시작해 잘못 썼다고 꾸중을 듣습니다. 쓰고 싶은 만큼 쓸 수도 없습니다. 심지어 몇 줄 이상 쓰지 않으면 다시 쓰라는 말도 듣습니다. 이런 분위기를 조금 더 편하게 해 줄 필요가 있습니다.

책을 읽고 간추리는 글을 쓸 때 학생들과 같은 책을 함께 읽는 것이 좋습니다. 그래야 간추리기를 어려워하는 학생들을 도와가며 함께할 수 있습니다. 같은 책을 읽는 방법은 두 가지입니다. 첫 번째는 모두가 같은 책을 가지고 함께 읽는 것입니다. 그런데 모두가 책을 다 가지고 있기는 쉽지 않습니다. 글의 양이 꽤 되는 글책으로 온작품 읽기를 할 때는 이렇게 하는 때가 많습니다. 그렇지만 보통 때는 쉬운 일이 아닙니다. 더 쉽게 할 수 있는 방법은 읽어 주기입니다. 주로 선생님이 책 한 권을 읽어 줍니다. 이럴 때는 그림책이나 단편이 좋습니다.

그림책이나 단편으로 시작하는 까닭

책과 관련한 글을 쓸 때는 그림책이나 단편으로 시작하는 게 좋습니다. 학생들마다 집중력이 다르고, 책을 여러 번 경험하게 하기 위함입니다. 여러 번 나눠 읽거나 긴 시간을 읽어야 하는 글책이라면 학생에 따라 집중력이 못 따라 갈 수 있어 호흡이 짧은 책이 좋습니다. 학년이 낮을 때나 상식이 적을 때도 마찬가지입니다. 그림책이나 단편은 짧은 이야기 안에서 일이 전개되고 결말이 나며 사건이 명확합니다. 그래서 학생들이 이해하기 쉽고 여러 번 읽을 수 있습니다. 그림책이나 단편으로 글쓰기를 경험한 뒤 조금 더 호흡이 길거나 깊은 주제를 담은 이야기로 흘러가도록 합니다.

학생들과 야시마 타로의 《까마귀 소년》(비룡소)을 읽었습니다. 아니, 읽어 줬습니다. 책을 읽어 줄 때 특별한 방법은 없습니다. 그냥 책을 들고 교실을 다니며 읽습니다. 교실 바닥에 학생들을 모두 모여 앉게 해(맨발교실이라 앉을 수 있습니다) 책을 읽어 주기도 합니다. 같이 이야기를 많이 나눠야 하거나 그림을 꼭 봐야겠다 싶은 그림책일 때는 텔레비전으로 보여 주며 읽기도 합니다.

책을 다 읽은 뒤, "여러분은 까마귀 소리 들어 봤나요?" 하고 묻습니다.

"네. 들어 봤어요." "아뇨. 못 들어 봤어요."

"여러분은 결석해 본 적이 있나요? 왜 했죠?"

"저는 감기로 못 왔어요."

"여러분은 혼자 있을 때 무엇을 하나요?"

"게임을 해요." "텔레비전 봐요." "멍 때려요."

책을 듣고서(읽고서) 이런저런 이야기를 더 나눕니다. 선생님이 묻고 학생들은 대답합니다. 책에 나왔던 것을 가볍게 살핍니다. 누구나 말할 수 있는 어렵지 않은 내용입니다. 책에 나온 인물이 한 행동이나 책에 나온 소재를 학생들 경험과 연결합니다. 학생들은 거리낌 없이 말합니다. 누구나 말해도 된다는 허용적인 분위기를 만듭니다.

누구나 말할 수 있는 허용적인 분위기라 해도 말하는 것을 꺼리는 학생들이 있습니다. 이런 학생들은 모두가 나를 지켜보는 게 부담스러운 겁니다. 이런 학생들에게 말할 수 있는 기회를 줄 수 있는 가장 쉬운 방법은 짝과 이야기 나누는 방법입니다. 선생님이 묻는 말에 대한 생각을 짝과 돌아가며 말합니다.

"자, 주인공은 이름이 뭐였나요?"

"주인공 이름이 없었어요."

"그럼 뭐였죠?"

영근 샘의 글쓰기 수업

"땅꼬마요.""그러다가 바보 멍청이요.""그러다가 까마귀 소년(까마동이)이 되었어요."

"이 친구가 까마귀 소년이 되는 때는 언제였죠?"

"이소배 선생님을 만나면서요.""6학년이 되면서요.""학예회 때 까마귀 소리를 내면서요."

책 내용을 물으며 책에 나왔던 사람이 한 일을 살피고, 일어난 중요 사건을 알고 있는지 확인합니다. 책을 들었지만(읽었지만) 학생들은 수준에 따라, 집중하는 정도에 따라 책 내용을 정확하게 알지 못할 때가 많습니다. 이런 학생들에게 이렇게 이야기를 나누는 건 놓쳤던 부분을 채울 수 있어 도움이 됩니다. 서로 생각이 다른 주제가 나오면 토론을 할 수도 있습니다. 이 과정에서 다양한 활동이 생겨납니다.

간추리는 글 쓰기

"자, 그럼 우리 처음부터 하나씩 말해 볼까요?"

"땅꼬마가 학교에 왔는데 무서워 어울리지 못해 따돌림을 받아요."

"혼자서 무엇을 하나요?"

"사팔뜨기 흉내요.""벽만 봐요.""창밖만 봐요."

"혼자서 사팔뜨기 흉내도 내고, 벽만 보거나 창밖을 보고만 있어요. 그래서 형들이나 친구들이 어떻게 하나요?"

"바보 멍청이라고 놀렸어요."

"친구들과 형들이 바보 멍청이라 부르는데, 6학년이 되어 특별한 일이 생겨요. 뭘까요?"

"6학년이 되어 이소배 선생님이 왔어요."

"6학년에 만난 이소배 선생님은 땅꼬마를 어떻게 했나요?"

"땅꼬마를 알아봐 줬어요."

학생들과 이렇게 책 속에서 일이 일어난 차례대로 이야기를 나눕니다. 처음부터 하나하나 같이 살핍니다. 학생들이 짧게 단답으로 쪼개어 대답한 것을 선생님이 하나로 묶어 주며 계속 이야기를 진행합니다. 글을 간추린다고 글 내용을 다 빼는 것은 아닙니다. 글에서 중요한 것은 함께 담으며 간추려야 하기에 정리해 주는 과정은 필요합니다.

"처음부터 하나하나 다시 말해 볼까요? 짝과 이야기 나눠 보세요."

서로 자기가 간추리는 내용을 짝에게 말합니다. 이렇게 서로가 발표하며 내 발표를 다듬습니다. 짝 발표를 들으며 참고하거나 도움말을 줍니다.

"이제는 모두에게 발표해 볼 사람 있나요?"

"땅꼬마는 1학년 때부터 혼자서 지냈어요. 그래서 바보 멍청이라 놀림을 받았어요. 6학년에 이소배 선생님이 담임을 맡아서……."

모두에게 발표하는 시간을 갖습니다. 짝과 발표했지만 그것만으로는 모자란 학생들이 많습니다. 조금 더 많은 학생의 발표를 듣는 게 도움이 됩니다. 이렇게 우리가 함께 읽은 책 내용을 다 간추린 셈입니다.

"지금 여러분이 말한 것을 뭐라고 하냐면 '요약하기'라 해요. '요약'이 한자라 우리말로 다듬으면 '간추리기'가 되겠어요. 이제껏 말로 한 것을 글로 써 볼게요. 이 글을 우리는 '요약하는 글'이라 해요. 우리말로는 '간추리는 글'이라 해요. 쓰다가 어려운 사람은 선생님에게 묻도록 하세요."

그제야 간추리는 글을 씁니다.

《까마귀 소년》
땅꼬마는 친구들한테 놀림을 받는 외톨이였다. 6학년이 되어 이소배 선생님을

영근 샘의 글쓰기 수업

만났다. 장기자랑하는 날 땅꼬마는 까마귀 소리를 냈다. 다음부턴 바보 멍청이라 하지 않고 땅꼬마라고 놀리지 않았다. (참사랑땀 3학년 김강윤)

《까마귀 소년》
까마귀 소년을 친구들이 바보 멍청이라고 불렀다. 6학년 때 장기자랑으로 까마귀 소리를 냈다. 6학년 동안 학교를 한 번도 빠짐없이 나온 학생은 까마귀 소년 한 명뿐이었다. (참사랑땀 3학년 김도윤)

《아름다운 이별》
눈이 내리던 겨울날 할머니가 감기 걸려 누워만 있어서 걱정했다. 그러던 어느 날 할머니가 정신을 잃어 구급차에 실려 나갔다. 할머니가 집으로 돌아왔다. 의사 선생님은 이번 겨울은 넘기기 힘들 거라고 했다. 우리는 따뜻한 봄이 오고 무더운 여름이 와도 할머니 방에 들어갈 땐 따뜻한 겨울옷을 입고 들어가기로 했다. 할머니는 가끔씩 의식을 잃기도 했지만 살아나셨다. 그러던 화창한 어느 6월에 할머니는 편안하게 세상에서 가장 긴 여행을 떠났다. (참사랑땀 4학년 전지현)

《옆집 할머니》
잔느 옆집엔 르투르노 할머니가 살았다. 옆집 할머니는 늘 혼자 지냈다. 어느 날 잔느는 옆집 할머니 집에 갔다. 할머니는 잔느를 그림으로 그렸다. 잔느는 할머니께 물감 빠레트를 받고 그림을 배우기로 했다. 할머니는 잔느에게 언제든지 찾아와도 된다고 했다. (참사랑땀 4학년 이수민)

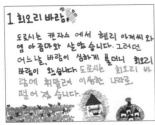  

글책을 장마다 간추리기

책을 읽고 내용 간추리기는 독서감상문 지도를 위해서도 꼭 필요합니다. 그림책은 전체 내용을 간추리기에 크게 어렵지 않습니다. 등장인물이 많지 않고 사건도 하나인 이야기가 많아 그렇습니다. 글밥이 많은 글책은 조금 다릅니다. 등장인물도 많거니와 사건도 많이 일어납니다. 그러기에 글책을 읽을 때는 장(챕터)마다 간추리거나 읽다가 이야기 흐름이 마무리되는 곳에서 간추립니다. 책 읽고 글 쓰는 공책에 간추리는데, 이렇게 간추린 것을 작은 도화지에게 돌아가며 써 전시하기도 합니다.

《오즈의 마법사》에서 '도로시 허수아비를 구하다'
도로시는 유난히 큰 집으로 가서 잤다. 도로시는 에메랄드 시로 가는 길에 허수아비를 만났다. 도로시는 허수아비를 풀어 주고 함께 에메랄드 시를 갔다. (참사랑땀 3학년 전한결)

《하느님이 우리 옆집에 살고 있네요》에서 '생일잔치'
털보 아저씨가 "가까이 오면 죽는다!"라고 장군처럼 고함치며 길거리에서 무엇을 팔던 사람들을 쫓아냈습니다. 예수님도 노점상인들과 같이 싸우다가 경찰서로

끌려갔습니다. 다음 날, 하느님과 공주님이 예수님의 벌금을 내고 풀려났습니다. 예수님 생일이 다가오자 미역, 갈치, 생일카드를 사 왔습니다. 생일 때 미역국을 끓이고 아침상을 차렸습니다. 그때 공주님이 예수님에게 카드를 주었습니다. 어느 날, 하느님에게 큰 걱정이 생겨서 예수님을 불러 찻집에서 만났습니다. 하느님이 세상을 끝내면 어떠냐 그러자 예수님이 억울한 아이들은 어떡하냐 해서 하느님의 걱정은 늘어났습니다. (참사랑땀 3학년 류하은)

간추리는 글 쓸 때 도움말

1. 이야기 흐름대로 차례대로 씁니다.
2. 생각을 빼고 이야기만 씁니다.

도움-1. 함께 말하며 씁니다. 앞서 살폈듯 이야기를 주고받으며 간추리는 글이 어떤 글인지 알도록 돕습니다.

도움-2. 빨리 쓴 친구가 다니며 친구를 돕습니다. 뭐든 학생들마다 속도가 다릅니다. 흔히 수학 시간에는 먼저 문제를 푼 학생들이 다른 학생을 돕습니다. 이런 활동(배움짝)은 수학뿐 아니라 모든 과목에서 활용할 수 있습니다.

도움-3. 친구가 쓴 글을 참고합니다. 처음에는 함께 말해도, 친구가 도와도, 선생님이 설명해도 잘 못 알아듣는 학생들이 있습니다. 이럴 때는 친구가 쓴 글을 참고해서 따라 쓰게 합니다. 쓰면서 간추리는 글이 어떤 글인지 알아 갑니다. 이때 보여 줄 글은 선생님이 잘 간추려 쓴 글로 정해 주는 것이 좋습니다.

온작품 읽기

참사랑땀 반은 책 한 권을 천천히 같이 소리 내며 읽습니다. 흔히 '온작품 읽기'라 하는 활동입니다. 이 활동은 많은 교실에서 오래전부터 해 오던 활동으로 참사랑땀 반도 꾸준히 해 오고 있었습니다. 책은 학생 수준을 감안해서 고릅니다. 책이 주는 즐거움에 빠질 수 있는 작품이면 좋겠습니다.

학생들과 한 해 동안 《하느님이 우리 옆집에 살고 있네요》, 《마틸다》, 《오즈의 마법사》, 《홍길동전》, 《어린 왕자》, 《피터 팬》을 읽었습니다. 책을 읽을 때는 번호대로 돌아가며 한 장씩 읽습니다. 글자를 잘 모르던 학생도 함께 더듬더듬 소리 내어 읽습니다. 한 해 동안 꾸준하게 읽으니 읽는 게 조금씩 나아집니다.

책을 읽으면 읽을 때마다 책 읽은 기록을 남깁니다. 참사랑땀 반은 독서록(줄공책)에 '간추리기'나 '책 읽고 든 생각'으로 씁니다. 쓰고 싶은 만큼 씁니다. 다음 글을 쓸 때는 지난 글에서 한 줄 떼어서 이어 씁니다.

책에서 한 장씩 읽은 학생은 그 내용을 간추리고 그림을 그립니다. A4 크기 작은 도화지에 쓰고 그립니다. 책에 있는 그림도 좋고, 상상해서 그려도 좋습니다. 그림 위나 아래에 읽은 내용을 간추립니다.

《어린 왕자》를 모두 읽고는 학생들에게 책을 빌려줬습니다. 그리고 부

영근 샘의 글쓰기 수업

생텍쥐페리는 보아뱀이 코끼리
삼킨것을 그렸다. 하지만
사람들은 모자라고 했다.
생텍쥐페리는 비행기사고로
사막에 왔는데 아이가
이건 보아뱀이 코끼리를
삼킨거고 양을 그리라고 했다

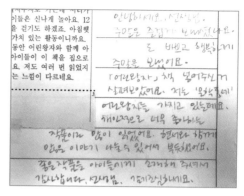

모님께 편지를 썼습니다. 집에서도 한번 읽어 보면 좋겠다고요. 부모님들도 한 주 또는 두 주 동안 이 책을 읽었습니다. 예전에 읽을 때와는 다른 느낌이라는 글이 많았습니다.

마지막으로 〈어린 왕자〉 영화를 봤습니다. 영화가 100분(1시간 40분)입니다. 두 시간(블록수업)으로 다 볼 수 없어 하루 전날 짧게 회의를 했습니다. 영화를 보려면 9시 10분에 시작하는 수업을 10분 먼저 시작해야 하고, 끝까지 보려면 중간놀이시간에 10분 더 이어서 봐야 하는데 그럴 수 있는지 학생들에게 물었습니다. 학생들은 그러겠다고 했습니다. 부모님들에게도 8시 55분까지 학교에 오게 해 달라 부탁드렸습니다. 계획대로 9시에 영화를 보기 시작해 10시 40분까지 이어서 봤습니다.

《어린 왕자》는 3학년에게 쉽지 않은 책입니다. 그럼에도 아이들은 어려워하지 않았습니다. 아이들에게 "다음에 꼭 다시 읽어 보면 좋겠어요. 영근 샘도 이번에 여러분과 읽으니 또 다른 게 보이고, 드는 생각도 달라요. 여러분도 다음에 꼭 다시 읽어 보세요." 하고 부탁했습니다.

온작품 읽기로 읽는 책을 늘 사서 집에서 읽는 학생이 있습니다. 학교 책으로 읽는데 이 학생은 그럴 때마다 그 책을 또 사서 읽습니다. 영근 샘이 읽던 책이 안 보여 그 여학생에
게 새 책을 잠시 빌려 봤습니다.
미술 시간에 그 여학생에게 물
었습니다.
"다인아, 선생님이 여기에 네 모
습 그려도 돼?"
"네."

그 학생 1학기 때 찍은 사진을 보며 그림을 그려줬습니다. 그림을 보고 좋
다고 말해 줘 다행이었습니다. 저도 기분이 좋았습니다.

영근 샘의 글쓰기 수업

독서감상문 쓰기

독서감상문, 학생들은 힘들다

"여러분, 책 읽고 어떤 생각이 드나요?"

"……."

사실 학생들에게 무엇을 읽고 어떤 생각이 들었는지 물으면 쉽게 대답이 나오지 않습니다. 생각은 무엇인가요? 책을 읽고서 마음에 가득 차오르는 무엇인가일 겁니다. 그런데 책을 읽으며 그 생각이 차곡차곡 쌓이면 좋으련만 많은 경우 그러하지 못합니다. 다시 한번 책 읽었던 내용을 곰곰이 떠올리는 시간을 가질 때 생각은 떠오릅니다.

"선생님이 읽어 준 책으로 독서감상문을 쓸게요."

"아……."

책을 읽어 주고서 참사랑땀 반에서도 가장 많이 하는 말입니다. 그래서 학생들에게 독서감상문이라고 하지 않고, "책 읽고서 하고픈 말을 써 보세요." 할 때가 많습니다. 책을 읽을 때마다 쓰라고 하는 독서감상문, 학생들은 그 말을 듣고 '무엇을 어떻게 써야 하지?' 하는 생각에 머리가 하얗다고

까지 합니다.

"올해 참사랑땀 반은 독서를 소중하게 여겨요. 날마다 책을 읽고 독서록을 쓸게요. 줄공책을 하나 사서 채우세요. 금요일마다 선생님이 확인해 볼게요."

"날마다요?"

날마다 책을 보는 것은 우리 학생들 성장에 좋습니다. 아침독서운동도 이런 취지에서 일어났을 겁니다. 참사랑땀 반도 거의 날마다 책 읽는 시간을 갖습니다. 아침에 함께 읽기도 하고, 자투리 시간에 책을 보기도 합니다. 영근 샘이 읽어 주기도 합니다. 이렇게 읽은 책을 글로 기록을 남기면 학생들이 더 큰 성장을 이룰 수 있습니다. 그런데 그 방법을 잘 모릅니다.

가장 쉽게 떠오르는 방법이 문구점에서 파는 독서록을 활용하는 방법이지만 한 권을 읽을 때마다 한 쪽씩 채워야 하는 부담감이 너무 큽니다. 그러니 학생들은 만화를 그리고, 표지를 그리고, 주인공에게 편지를 씁니다. 문단을 자꾸 바꿔가면서요. 그럼 독서감상문은 어떻게 써야 할까요? 참사랑땀 반에서 학생들과 하고 있는 독서감상문 쓰기를 소개합니다.

어디에 남길 것인가?

영근 샘은 파는 독서록 공책을 쓰지 않습니다. 한 쪽을 다 채워야 하는 부담 때문에 그림이나 만화로 채우려고 하니까요. 참사랑땀 반은 독서 기록을 줄공책에 씁니다. 세로로 길게 줄을 긋고, 왼쪽 좁은 칸에 책 읽은 날짜와 책 제목을 씁니다. 오른쪽 넓은 칸에는 책을 읽고 글을 씁니다. 글은 독서감상문도 좋고, 글 간추리기도 좋으며, 독서 기록도 좋습니다.

　　　　　　　　　　　　　　　　　　　　영근 샘의 글쓰기 수업

생각과 느낌 드러내기

독서감상문을 쓰기 위해서는 '감상'을 먼저 생각해야 합니다. 감상은 무엇을 보고 느끼는 생각입니다. 우리는 살아가며 늘 생각과 느낌을 받습니다. 그 생각과 느낌을 글로 드러내기 전에 말로 드러내는 시간을 보통 때도 갖는 게 좋습니다.

"여러분 중에서 혹시 까마귀 소년 해 볼 사람 있나요?"

"그게 뭔데요?"

"여기 의자에 앉으면 까마귀 소년이 되는 거야."

"아, 그럼 까마귀 소년이 되어서 뭐 해요?"

"다른 친구들이 묻는 말에 까마귀 소년이 되어 대답하는 거예요. 한 일을 말해도 좋고, 까마귀 소년이 되어 든 생각을 말해도 좋아요."

"제가 하고 싶어요."

학생을 의자에 앉게 합니다. 학생들은 의자에 앉은 친구에게 묻습니다. 내가 그 인물이었다면 이렇게 했을 것이라 생각하며 대답합니다.

"넌(까마귀 소년) 왜 혼자 있었니?"

"아무도 같이 안 놀아 줘서."

"친구들이 왜 안 놀아 주는 것 같니?"

"내가 산에 사니까."

"친구들이 안 놀아 주니 기분이 어때?"

"힘들고 싫었어."

이러한 활동을 '뜨거운 의자'라 합니다. 뜨거운 의자는 한 명만 하기보다 여러 학생들이 돌아가며 하는 것이 더 좋습니다. 이렇게 놀이처럼 자연스러운 활동으로 인물이 가졌던 생각을 서로 나눕니다.

뜨거운 의자

뜨거운 의자는 연극놀이에서 많이 하는 방법입니다. 교실 가운데 의자를 하나 놓습니다. 책이나 이야기 또는 시에 나오는 인물로 한 학생이 밖으로 나옵니다. 학생이 의자에 앉으면 그 학생은 이제 그 인물이 됩니다. 다른 학생들은 책이나 이야기, 시에 나왔던 그 인물에게 궁금한 것을 묻습니다. 의자에 앉은 학생은 그 인물이 되어 대답을 하거나 몸짓을 지어 보입니다.

등장인물에게 하고픈 말하기

권정생 선생님의 《하느님이 우리 옆집에 살고 있네요》(산하)를 모두 같이 읽었습니다.

"이 책에 나오는 사람은 누가 있죠?"

"하느님, 예수님……."

전지를 교실 바닥에 넉 장 깔았습니다.

"여기 나오는 인물에 대해 쓰려고 해요. 무엇을 쓸 수 있을까요?"

"인물에게 해 주고 싶은 말이요."

"그것도 좋네요. 인물에게 도움말을 해도 좋고, 나라면 이렇게 했을 것 인데 하는 말도 좋겠어요."

"인물의 성격을 써도 되나요?"

"네. 책을 읽으며 든 어떤 사람이겠다, 하는 생각을 써도 좋아요."

"인물에 대한 설명도 있어요."

"네. 그래요. 그 사람에 대한 소개도 좋아요."

간추리고 생각 쓰기

"읽은 내용을 글로 간추려 보세요."

앞서 간추리는 글 쓸 때 하는 말입니다. 학생들은 읽은 내용을 간추립 니다. 이때 늘 같은 질문을 하는 학생들이 있습니다.

"선생님, 생각을 써도 되나요?"

"그럼요. 다만 우리가 지금 하는 건 글 간추리기니 글을 다 간추리고 맨 끝에다가 생각을 써 보도록 하세요."

간추리는 글은 생각을 드러내는 글이 아닙니다. 그럼에도 학생들은 생각이 이렇게 저절로 나옵니다. 일부러 생각을 쓰라고 하지 않아도 학생들은 글을 읽으면 나름 떠오르는 생각이 있습니다. 간추리는 글을 쓸 때 생각이 떠오르면 자연스럽게 이어서 쓰면 됩니다. 우리 교실에서 글을 쓸 때 글의 갈래를 너무 구분해서 쓰지는 않습니다.

독서감상문 쓰기

"우리 오늘은 독서감상문을 써 볼게요."

독서감상문을 쓰는 방법은 정해져 있지 않습니다. 쓰는 사람에 따라 다릅니다. 그럼에도 우리 반에서 하는 독서감상문 방법이 있으면 좋습니다. 그리고 그 방법으로 꾸준하게 쓰면서 학생들도 자기 글을 만들어 갈 필요가 있습니다. 참사랑땀 반에서는 책 소개, 간단한 줄거리, 하고픈 말, 책에서 든 생각 등을 씁니다. 물론 그 차례를 정해 두지는 않습니다. 처음에는 이 차례로 써 보지만 독서감상문을 쓰다 보면 학생들마다 쓰는 방법이 다 달라집니다.

《종이 봉지 공주》

이 책은 로버트 문치가 쓴 《종이 봉지 공주》라는 책이다. 앨리자베스와 로널드가 나온다. 용 한 마리가 앨리자베스의 옷을 태우더니 로널드를 데려갔다. 앨리자베스는 종이봉투를 걸치고 로널드를 구하러 갔다. 앨리자베스는 용의 동굴에 다다랐다. 용이 내일 오라고 하자 앨리자베스는 용을 혹사시켜 기절시킨 뒤 로널드를 구한다. 그러나 로널드는 앨리자베스의 모습이 볼품없다고 궁에 가서 다시 옷을 갈아입고 오라고 했다. 앨리자베스는 화가 나 로널드에게 핀잔을 주

고 둘은 헤어졌다. 앨리자베스는 머리가 참 좋다. 용을 지치게 해서 동굴에 들어
갈 생각을 하니 말이다. 난 앨리자베스가 기껏 자기를 구해 줬는데 모습을 흉보
는 것이 배은망덕한 행동이라고 생각한다. 용에게 잡아먹힐 뻔한 것을 구해 준
은혜도 모르고 말이다. 로널드와 앨리자베스가 다시 만나 로널드가 사과를 해
다시 둘이 살았으면 좋겠다. (참사랑땀 3학년 강효린)

《아기 장수 우투리》

아기 장수 우투리는 어느 부부가 느지막이 낳은 아들이다. 그런데 우투리는 다
른 보통 아이들과 달리 날개가 있었다. 그러나 임금님이 그 소식을 듣자 우투리
를 해치려 집에 찾아갔다. 하지만 부부만 있을 뿐 우투리는 없었다.
그러던 어느 날 우투리가 콩옷을 입고 싸우다 죽고 말았다. 살 기회가 있었지만
낫을 놓쳐 다시 죽고 말았다. 나는 우투리 엄마가 우투리 콩옷을 만들다 콩알
이 하나 떨어진 걸 먹는 장면이 기억에 남는다. 내가 우투리 엄마였다면 떨어진 콩
이라도 다시 만들었을 텐데 왜 먹은 건지 모르겠다. 아기장수 우투리는 흥미롭
지만 슬프다. (참사랑땀 3학년 정현서)

《목욕은 즐거워》

이 책은 상민이가 목욕탕에 가서 겪은 일입니다. 목욕탕에서 무슨 일이 일어날까
요? 나는 목욕을 좋아해요. 목욕할 때면 언제나 푸카를 데리고 갑니다. 푸카도
목욕을 좋아하거든요. 목욕탕 문을 열고, 살금살금……. 목욕탕 바닥은 미끄
러우니까 조심해야 되지요. 목욕탕 안에는 김이 뭉실뭉실. 가장 기억이 나는 장
면은 동물들이 상민이랑 목욕탕에 들어가서 숫자를 센 장면입니다. 마지막에 고
래가 큰 소리로 "50." 하고 소리를 친 장면이 재미있었습니다. 작가가 목욕을

좋아하고, 상상력이 풍부하다고 생각했습니다. 그림과 글을 잘 이해하도록 쓴 것 같습니다. 동물들이 목욕탕 아래에서 나온다는 것이 너무 신기하고 재미있고 궁금해 인상 깊었습니다. 마지막 장면에 상민이가 "나도 목욕이 참 좋아요."라는 장면에 목욕은 재밌다는 것을 느꼈습니다. (참사랑땀 4학년 김민준)

《암소 로자의 살빼기 작전》

이 책은 자랑스러운 암소 로자와 마음씨 착한 농부 아저씨 이야기입니다. 농부 아저씨는 로자를 아끼고 사랑합니다. 근데 저는 동생을 그냥 시키기만 합니다. 그래서 저는 미안합니다. 저는 농부 아저씨에게 배워야 한다고 생각합니다. 로자는 맛있는 우유도 만들고 우유로 만든 음식도 만듭니다. 저도 이런 암소를 키워서 맛있는 우유와 음식을 먹고 싶습니다. 로자는 잡지를 보며 꿈이 생깁니다. 바로 모델입니다. 저도 텔레비전을 보면서 꿈이 생겼습니다. 바로 가수였습니다. 그래서 로자는 꿈을 향해 노력했습니다. 저는 꿈만 정하고 노력을 안 했습니다. 그래서 저는 저를 고쳐야겠습니다. 근데 로자는 농부 아저씨의 마음을 모릅니다. 그래서 저는 꿈도 중요하지만 남의 마음도 알아야겠다고 생각합니다. 로자는 맛있는 풀도 안 먹었습니다. 저라면 1시간 먹고 3시간 운동할 거였어요. 그런 행동에 놀란 농부 아저씨는 병이 났어요. 그래서 농부 아저씨는 착하지만 약한 것 같아요. 그걸 알아챈 암소 로자는 다시 생각을 바꿨어요. 그래서 저는 정말 기특하게 생각했습니다. 그래서 저는 자기 자신을 항상 바라봐야겠다고 생각했습니다. (참사랑땀 4학년 이수진)

영근 샘의 글쓰기 수업

💡 독서 토론 하는 법

독서 토론이란 독서와 토론을 합친 말입니다. 토론은 찬성과 반대로 나눠 자기주장이 옳음을 내세우는 것으로 찬성과 반대로 나눌 수 있는 논제가 있어야 합니다. 그러니 독서 토론은 책을 읽고서 논제를 만들어 토론하는 것을 말합니다. 그런데 토론을 위한 독서는 도리어 학생들에게 독서를 싫어하게 할 수 있으니 주의해야 합니다.

독서 토론을 하기 위해서는 첫 번째, 책을 골라야 합니다. 토론하기 위한 책이지만 좋은 책이어야 합니다. 그래서 책을 고르는 데 가장 힘이 많이 듭니다. 좋은 책인데 토론할 게 없다면 굳이 토론할 필요가 없습니다(초등토론교육연구회 카페에서 독서 토론 추천 책 목록을 참고하세요).

두 번째, 학생들이 책 내용을 잘 알고 있어야 합니다. 학생들이 책 내용을 제대로 알기 위해서는 모두가 읽어야 합니다. 우리네 교실에는 학생 수가 많습니다. 그러니 교사가 읽어 주기를 권합니다. 짧은 시간 읽어 주기에는 앞서 영근 샘이 읽어 주기에 좋은 책으로 말한 그림책이나 단편이 좋습니다.

세 번째, 찬반으로 나뉘는 논제를 선정해야 합니다. 주인공의 행동에서 논제를 찾을 수 있습니다. 논제가 바로 드러나는 책도 있지만 많은 책이 그렇지 않습니다. 그럴 때는 그 책을 동기유발로 논제를 찾아서 할 수도 있습니다.

네 번째, 정한 논제로 토론 준비를 해서 토론합니다. 논제로 준비하는 건 교실에서 학생들과 함께합니다. 논제 분석을 함께하고 주장하는 글(입안, 입론)을 교실에서 쓰게 합니다. 이렇게 준비가 되면 토론을 할 수 있습니다. 토론은 사고의 유연성을 위해 찬성과 반대를 모두 경험하도록 합니다.

다섯 번째, 토론을 마치고서 느낀 생각을 말이나 글로 나눕니다.

책 읽고 글 쓰기, 이렇게 써요

1. 책을 읽고 글 간추리기, 독서감상문 쓰기를 합니다.

2. 책을 읽고 이야기를 나누고서 글을 간추립니다.

3. 그림책 간추리기, 글책 장별로 간추리기, 전체 간추리기로 합니다.

4. 독서감상문은 책을 읽고 든 느낌이나 생각을 함께 쓰는 글입니다.

5. 독서감상문으로 책 소개, 간단한 줄거리, 하고픈 말이나 책 읽고 든 생각을 씁니다.

6. 온작품 읽기를 할 때마다 짧게라도 간추리거나 소감을 씁니다.

영근 샘의 글쓰기 수업

8장

제안하는 글

- 해결방법 찾기 -

"여러분, 혹시 우리 반에는 어떤 문제가 있나요?"

"아무것이나 말해도 되나요?"

"그럼요. 어떤 것이든 괜찮아요."

어떤 문제가 생겼습니다. 문제 상황인 것이죠. 이 문제를 해결하기 위해서는 어떤 행동을 해야 합니다. 이 행동을 하자고 누군가가 말합니다. 이렇게 행동을 하자고 하는 것, 이것이 바로 제안입니다. 이 제안을 다른 사람들이 받아들이게 하려면 힘이 있어야 합니다. 그러기 위해 좋은 점이나 좋아질 것을 제안하는 까닭으로 드러내야 합니다.

참사랑땀 반은 주마다 학급회의를 합니다. 학급회의에서 참사랑땀 반 생활에서 한 주 동안 좋았던 점이나 아쉬웠던 점 그리고 참사랑땀 반에 바라는 점을 드러냅니다. 좋았던 점이 많은 편이나 아쉬웠던 점과 바라는 점도 적지 않습니다. 어떤 때는 좋았던 점보다 아쉽거나 바라는 점이 더 많을 때가 있습니다. 학기 초에 특히 그런 편입니다

아쉬웠던 점으로 나오는 것은 학생들 처지에서 무엇인가 불만이거나 마음에 들지 않는다는 것입니다. "마니또를 한다고 했는데 하지 못해서 아쉽습니다." 하는 것처럼요. 하지 못해 아쉽다는 것은 하면 좋겠다는 생각입니다. '생각

이나 의견을 내놓는 것', 즉 제안인 셈입니다. 이것을 할 것인지, 하지 않을 것인지는 더 이야기를 나눠야겠지만 학생들은 아쉬웠던 점을 제안하면서 학급 삶을 돌아봅니다.

바라는 점은 우리 반에서 이것을 하면 좋겠다는 것입니다. "나들이를 더 많이 가면 좋겠다."며 교실 밖을 나가 자연과 어울리거나 놀이를 하고 싶다고 합니다. 이것 또한 제안입니다. 이런 제안들은 학생 스스로 판단할 게 있고, 영근 샘이 함께 판단하거나 영근 샘이 결정할 게 있으며, 우리 교실을 벗어나 학교에 건의해야 할 것이 있습니다. 우리 반 스스로 결정할 수 있는 것은 학급회의로 결정해서 하거나 하지 않을 수 있습니다.

학생들은 주마다 하는 학급회의에서 아쉽거나 바라는 것을 제안해서 학급 살이를 다듬고 채웁니다. 학생자치의 시작이 학급회의라고 하는 까닭이기도 합니다. 이렇게 드러내고(제안하고) 이야기 나누며(회의하며) 결정하려면 시간이 꽤 많이 걸립니다. 참사랑땀 반에서는 금요일마다 한 시간(40분) 동안 학급회의를 하고 있습니다. 학급 처지에 따라 주마다 한 시간을 빼는 게 힘들 수도 있습니다. 그럴 때 학급회의 효과를 누릴 수 있는 방법으로 '포스트잇 브레인라이팅'을 소개합니다. 빨강, 파랑, 노랑 세 가지 빛깔의 포스트잇을 학생들에게 한 장씩 주고, 빨강에는 아쉬운 것, 파랑에는 좋은 것, 노랑에는 바라는 것을 써 붙이게 하면 몇 분 걸리지 않아도 우리 반 학생 모두의 의견을 받을 수 있습니다.

1

왜 교실에서
문제를 찾을까?

교과서에 제안하는 글이 나옵니다. 교과서를 천천히 살펴봅니다. 문제 상황-해결방법 제안-까닭(좋은 점)으로 제안하는 글을 씁니다. 교과서에서 건넨 문제 상황을 봅니다. 어른들 생각으로 만든 문제 상황입니다.

교과서에서는 이 문제 상황에 알맞은 해결방법을 학생들에게 쓰게 합니다. 학생들은 이 문제는 자신의 문제가 아니기에 머리로 생각해야 합니다. 머릿속에서 그 상황에 알맞은 해결방법을 만들어야 합니다. 학생에 따라 알맞은 해결방법을 찾기도 하지만, 어떤 학생은 문제 상황을 이해하는 데도 시간이 오래 걸립니다.

우리 교실의 문제 상황 찾기

"여러분, 우리 반은 어떤 문제가 있나요?"

"수업 시간에 딴짓하는 친구들이 많아요."

학생 말에 웃음이 나옵니다. 영근 샘만 그런 게 아닙니다. 학생들도 씩 웃습니다. 사실 이 말은 학생이 한 말이지만 영근 샘이 자주 하는 말입니다. 학기 초에는 학생들이 딴짓하지 않도록 하는 데 힘을 많이 씁니다. 손톱을 뜯는 학생, 필통에 든 물건을 하나씩 꺼내 만지는 학생, 낙서를 하거나 그림을 그리는 학생 들이 있어, 이 학생들에게 수업에 집중하도록 잔소리가 많을 때였습니다.

"공기가 돌아다녀요."

참사랑땀 반은 맨발교실입니다. 교실 바닥에서 노는 학생들이 많습니다. 학생들이 가장 많이 하는 놀이가 공기놀이입니다. 새 학년을 시작하며 교실에 있는 공기가 학생들이 가지고 놀만큼 충분한지 보고 모자라면 꼭 사 둡니다. 공기를 가지고 놀다가 노는 시간을 마치면 제자리에 둬야 하는데 꼭 흘리는 게 있습니다.

"대걸레에서 물이 많이 흘러요."

대걸레로 교실 바닥을 닦습니다. 맨발교실이니 더 잘 닦아야 합니다. 실내화를 신지 않으니 대걸레 청소할 때 신을 신발도 따로 사 뒀습니다. 청소

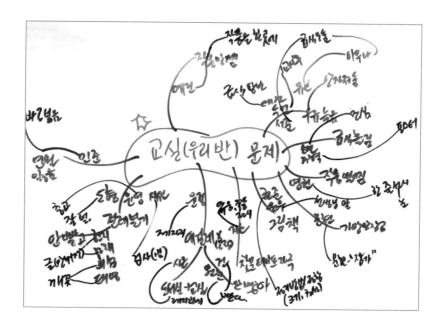

를 마치면 대걸레를 다시 빨고 물을 짜고서 말립니다. 대걸레 물을 짠다고 하지만 아이들이니 힘이 모자라 물이 흐릅니다.

'가방 정리가 잘 안 돼요.'

'우유를 마시지 않은 게 많아요.'

'우유곽 정리가 잘 안 돼요.'

'기타 피크가 잘 정리되지 않아요.'

'기타를 치고 다니는 학생들이 많아요.'

'전담수업 줄 설 때 뛰어요.'

'전담수업 줄 설 때 새치기를 해요.'

학생들이 다 알고 있는 문제들입니다. 어느 것이든 학생들은 할 이야기가 많습니다. 많은 주제 중에서 학생들은 딴짓, 공기, 대걸레로 더 이야기하고 싶다고 했습니다. 그 셋이 참사랑땀 반에서 가장 안 되는 것이라 했습니다.

학생들과 함께 정한 세 가지 문제 상황을 조금 더 알아봅니다. 문제를 제대로 알아야 그것에 알맞은 해결방법이 나올 수 있습니다. 학생들은 문제를 조금 더 자세하게, 하나하나 조금 더 따져 말합니다.

"수업 시간에 딴짓을 많이 한다고 했는데 어떤 게 있을까요?"

"손톱을 만지거나 뜯어요."

"딴생각을 많이 해요." "멍 때려요."

"수업과 관련 없는 행동을 해요."

"짝과 장난을 쳐요."

"공기가 돌아다닌다고 했는데 어디서 봤나요?"

"책상 밑이요." "저기 구석이요." "교실 바닥이요." "책상 위에도 있어요."

"대걸레 물이 흘러서 어떤 문제가 있지요?"

"사물함에 물이 들어가요." "양말이 젖어요." "책도 젖어요."

영근 샘의 글쓰기 수업

학생들이 말하면서 분위기가 뜨겁습니다. 별거 아닌 것 같을 수 있는 딴짓, 공기, 대걸레 물이지만 하나하나 살피니 그것으로 불편하거나 문제가 꽤 있습니다. 이렇게 문제가 있다면 그것을 제대로 풀어내야 합니다.

해결방법 제안하기

"자, 그럼 해결방법을 찾아볼게요."

학생들은 해결할 수 있는 방법을 말합니다. 문제를 알고 해결방법을 함께 생각하는 것만으로도 이야기 나눌 가치가 있습니다.

〈수업 시간에 딴짓〉

- 깍지 끼면(주먹을 쥐면) 손톱을 깨물지 않는다.
- 책상 위에는 필요한 것만 둔다.
- 딴짓하면 선생님 앞에 앉는다.
- 짝이 돕는다.
- 선생님을 보고 대답한다.

〈공기 돌아다님〉

- 공기놀이 하는 장소를 정한다.
- 쓰고 나면 통(제자리)에 둔다.
- 자기가 갖고 있지 않는다.
- 공기로 장난치지(던지지) 않는다.
- 같이 하던 친구가 같이 봐 준다(도와준다).

〈대걸레 물 흐름〉

- 짤 때 야무지게 한다.
- 실내화를 신는다.
- 대걸레 밑에 걸레를 둔다.
- 대걸레 두는 곳을 바꾼다.

"여기에 있는 세 가지는 하나같이 모두가 다 중요해요. 그럼에도 여러분은 이 세 가지 중에서 어떤 문제를 해결하고 싶나요? 하나만 골라 보세요. 이번에는 자기가 고른 문제에서 해결방법을 하나 골라 보세요. 예를 들어 공기가 돌아다니는 것을 문제로 골랐다면 해결방법으로 있는 '공기놀이 하는 장소를 정한다'나 '쓰고 나면 제자리에 둔다'를 고를 수 있어요. 다시 한 번 정리할게요. 내가 가장 관심이 가거나 참사랑땀 반의 문제라고 생각하는 상황을 하나 골라요. 그런 다음 그 문제를 해결하는 여러 방법 중 가장 좋겠다 싶은 해결방법을 하나 골라요."

학생들은 문제와 해결방법을 하나씩 살핍니다. 학생들이 무엇을 골랐는지 해결방법 옆에 이름을 쓸 수도 있습니다.

문제를 해결하면 좋은 점 쓰기

"자, 여러분 이제는 여러분이 고른 해결방법으로 문제를 해결하면 무엇이 좋아지는지 생각하려 해요. 그래서 선생님이 붙임쪽지(포스트잇)를 붙였어요. '수업 시간에 딴짓'을 고른 사람은 빨간 빛깔로, '공기 돌아다님'은 파란 빛깔로, '대걸레 물 흐름'은 노란 빛깔로 하나씩 준비하세요. 그리고 쪽지에 해결했을 때 좋은 점을 쓰도록 할게요. 문제해결 방법으로 이것이 좋은

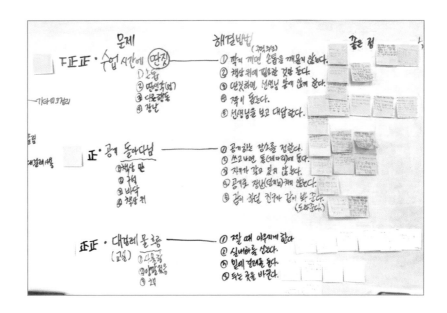

이유를 글로 써도 좋고, 이걸로 문제해결을 하면 우리 반은 어떻게 좋아질
지를 써도 좋아요."

　학생들은 붙임쪽지에 글을 씁니다. 쓴 붙임쪽지를 자기가 고른 문제해
결 옆에 붙입니다. 학생들이 써 붙인 종이를 보면 학생들이 많이 고른 문제
가 드러납니다. 그 문제에 관해 학생들이 원하는 해결방법이 한눈에 보입
니다. 학생들이 생각한 좋은 점이 가득 담겼습니다. 좋은 점이 잘 떠오르지
않는 친구들은 다른 친구들이 쓴 글을 보고 도움을 받습니다.

제안하는 글 써 보기

　"이제 우리 반 문제로 글을 써 보도록 할게요. 여러분이 고른 문제 상황
과 해결방안, 그 해결방안을 했을 때 우리 반은 어떻게 좋아질지를 여기에
써 붙였어요. 이걸 나눠 주는 종이에 하나하나 써 넣도록 하세요. 물론 글

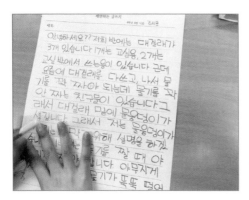
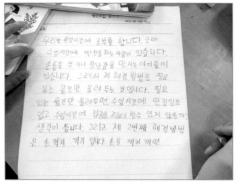

에는 여기에 없는 내용을 담아서 자세하게 쓰면 더 좋고요. 여러분에게 도움이 될 거 같아 하나 더 말해 줄게요. 친구들이 쓴 좋은 점도 읽어 보고 참고하세요. 우리 반 문제를 해결했을 때 좋은 점이 딱 하나만 있는 게 아니니까요. 그 좋은 점을 보고 옳다 싶으면 함께 써도 좋아요."

학생들은 이제껏 한 단계씩 말과 글로 모은 생각을 글로 써 갑니다. 학생들은 우리 교실에서 늘 겪는 문제, 그 중에서도 한 가지 상황을 정했기에 글을 쓰는 데 큰 어려움은 없습니다. 칠판까지 나와서 내가 쓴 글과 친구들이 쓴 글을 참고하며 글을 씁니다. 글에는 제목이 있습니다. 어떤 학생들은 제목을 못 써 멈춰 있을 때가 있습니다. 그래서 제목은 글을 다 쓰고서 써도 좋다는 이야기를 꼭 해 줍니다.

〈대걸레 위치를 바꾸면 좋겠다〉

참사랑땀 반에는 대걸레를 사물함 옆에 둡니다. 하지만 대걸레에서 물이 흘러서 양말이 젖습니다. 3학년 때처럼 햇빛이 잘 드는 쪽으로 두면 좋겠습니다. 왜냐하면 햇빛 쪽이니까 대걸레가 잘 마릅니다. 그러므로 참사랑땀 반도 햇빛 쪽으로 대걸레를 두면 잘 말라 물이 흐르지 않을 것 같습니다. 이 약속을 지켜 주시면

좋겠습니다. (참사랑땀 4학년 문종혁)

⟨딴짓하는 아이의 짝꿍이 도와주자!⟩

참사랑땀 반에는 수업 시간에 딴짓하는 아이들이 있습니다. 그래서 저는 이것이
문제라고 생각합니다. 수업 시간에 딴짓을 하면 수업 진행이 수월하게 되지 않습
니다. 그러면 딴짓을 하지 않는 학생들이 불편해합니다. 그 친구를 위해서 옆 짝
꿍이 도와주면 좋겠습니다. 다른 친구를 위해서 딴짓하는 친구의 옆 짝꿍이 딴
짓을 하지 못하게 도와줬으면 합니다. 옆 짝꿍이 도와주면 수업 진행이 수월하게
되고 다른 친구의 기분도 좋아지고 또 나도 기분이 좋습니다. 한 친구가 배려를
해 주면 기분이 좋습니다. 그래서 옆 짝꿍이 딴짓하지 못하게 도와줬으면 합니
다. (참사랑땀 4학년 김유성)

⟨공기를 제자리에 둡시다⟩

참사랑땀 반은 쉬는 시간에 공기놀이를 할 수 있습니다. 그런데 공기를 바닥에
두고 안 치우거나 잊어버리는 경우가 있습니다. 참사랑땀 반은 맨발교실이기 때문
에 공기를 밟으면 아픕니다. 양말을 안 신고 온 아이가 공기를 밟을 수도 있습니
다. 그래서 공기놀이를 다 하고 나면 제자리에 두는 것이 좋겠습니다. (참사랑땀 4
학년 신은수)

우리 학교
문제 해결하기

학교 문제를 찾아 제안하는 글 쓰기

학급 문제로 해결방법을 함께 찾았습니다. 해결방법으로 좋은 점을 찾아 글로 썼습니다. 우리 반 문제를 이렇게 풀면 좋겠다는 제안하는 글도 썼습니다. 이제는 그 공간을 조금 넓힙니다. 이번에는 학교에서 문제점을 찾습니다.

"자, 우리 함께 학교를 다니며 학교 문제를 찾을게요."

아이들과 함께 교실 밖으로 나가 걷습니다. 학교 이곳저곳을 둘러보며 우리 학교 문제를 찾습니다. 모두가 함께 다니며 찾지만 금세 학생들은 무리 짓거나 따로 다니며 문제를 찾고 있습니다. 학생들과 교실로 들어옵니다. 다 같이 제안하는 글을 씁니다. 우리 학교의 문제점-해결방법-좋은 점으로 글을 씁니다.

친구 글 읽고 도움말 쓰기

"쓴 글을 짝과 바꿔서 읽어 보세요."

글쓰기의 좋은 지도 방법은 친구가 쓴 글을 보는 것입니다. 쓴 글을 먼저 짝과 바꿔서 읽어 봅니다. 교실 문제와 달리 학교 문제는 학생마다 찾은 문제와 그 해결방법이 다 다릅니다. 그러니 읽는 재미도 있습니다.

"읽고서 하고픈 말을 답글로 써 주세요."

읽은 학생은 친구 글에 알맞은 도움말을 합니다. 바꿔 읽는 범위를 넓혀 모둠 안에서 친구와 바꿔 읽어 보게 하고 도움말을 합니다. 이제는 친한 친구와도 바꿔서 읽습니다. 생각이 조금씩 커 갑니다. 친구 글로, 친구가 해 준 도움말로요.

<운동장에 대한 제안>

운동장 미끄럼틀 쪽에 비닐, 종이 쓰레기가 버려져 있습니다. 저는 운동장에 쓰레기가 버려져 있으면 기분이 상하고, 운동장 쓰레기를 치우는 사람도 없어 쓰레기가 쌓이고 쌓입니다. 그래서 제가 제안하는 내용은 '운동장에 쓰레기를 버리지 맙시다'라는 내용입니다. 그 까닭은 운동장은 다 같이 쓰는 곳인데 쓰레기가 버려져 있으면 쓰레기를 보는 사람이 기분이 안 좋고, 만약 식물이 있다면 식물은 쓰레기 때문에 상하게 될 것입니다. 그러므로 쓰레기를 운동장에 버리지 않으면 좋겠습니다. 여러분들의 쓰레기를 운동장에 버리지 않는 노력이 운동장을 깨끗하게 만들어 낼 것입니다. (참사랑땀 4학년 조서윤)

• 도경 : 글씨도 정성스럽고 제안하는 마음이 잘 나타났습니다.

- 시환 : 제안하는 내용이 잘 느껴집니다.
- 민준 : 운동장을 깨끗이 만들려는 노력이 좋습니다.

〈구덩이를 파 놓으면 원래대로 해 놓고 갑시다〉

그네 기다리는 곳에 구덩이가 파져 있습니다. 파 놓으면 원래대로 해 놓고 갑시다. 그네 기다리는 곳에 구덩이를 파 놓으면 그네를 기다리는 사람이 구덩이를 지나가다 다칠 수 있습니다. 그리고 구덩이를 다시 원래대로 할 때 손이나 신발이 더러워질 수 있습니다. 구덩이를 파면서 놀고 싶으면 다 놀고 원래대로 해 놓읍시다. 파 놓은 걸 원래대로 해 놓고, 된다면 아예 파지 맙시다. 자기 재미보다는 다른 사람의 안전을 위해 구덩이를 파 놓고 그냥 가지 맙시다. 구덩이를 파는 친구를 봤을 때는 하지 말라고 말해 줍시다. (참사랑땀 4학년 김유성)

- 지현 : 다른 사람의 안전을 생각해서 좋다.
- 은수 : 친구를 위하는 마음이 아름다워.
- 수민 : 다른 친구를 생각하는 마음이 좋아.

〈운동장의 수도꼭지〉

우리 학교 수도꼭지에서 겨울에는 물이 안 나옵니다. 그리고 나온다고 해도 차가운 물 밖에 안 나와서 손이 시렵습니다. 겨울에는 운동장의 수도꼭지에서 따뜻한 물이 나오도록 해 주면 좋겠습니다. 왜냐하면 체육 시간이나 점심시간 때 모래나 흙 등 더러운 것을 손에 묻혀 손을 빨리 닦아야 할 때 따뜻한 물로 손을 깨끗하게 만들 수 있습니다. 우리 학교 수도꼭지에서 겨울에는 따뜻한 물이 나

영근 샘의 글쓰기 수업

오게 해 주세요. (참사랑땀 4학년 최해울)

- 연재 : 따뜻한 물이 나왔으면 좋겠다.
- 민우 : 네가 쓴 대로 되면 좋겠다.
- 서윤 : 운동장의 수도꼭지가 차가운 물만 나와서 손이 시린데 해울이 제안처럼 하면 손이 안 시릴 것 같아.

우리 마을 문제 해결하기

"우리 마을을 다니며 문제점을 찾아보도록 할게요. 마을을 다닐 때 가장 중요한 게 뭘까요? 맞아요. 안전이에요. 영근 샘이 맨 앞에 서서 갈 테니 나들이 모둠이 맨 뒤에 서서 안전하게 가는 것을 봐 주세요."

나들이 모둠

마을을 걸을 때는 늘 안전이 걱정입니다. 참사랑땀 반은 나들이 나갈 때 안전장치가 있습니다. 바로 '나들이 모둠'입니다. 우리 반은 모둠마다 맡은 역할이 있습니다. 그 가운데 하나가 나들이 모둠입니다. 나들이 모둠은 바깥 활동을 할 때 맨 뒤에서 안전을 책임집니다. 아울러 하나 더 중요한 역할을 소개합니다. 나들이 모둠은 학급이 전담수업을 갈 때 교실에서 가장 마지막에 나갑니다. 늦게 챙기는 친구들이 전담수업을 가도록 하고, 모두가 가고 나면 교실을 한 번 더 정리하고 문을 잠그고 교실 불을 끕니다.

학생들과 함께 마을을 걷습니다. 마을을 돌며 우리 마을의 문제점을 찾습니다. 이 활동은 개인 활동으로 바로 글을 쓸 수도 있지만 모둠 활동으로 했습니다. 써클 맵(참여형 수업 기법)으로 합니다. 모둠 구성원은 우리 마을의 문제점을 다 드러냅니다. 여러 문제점에서 우리 모둠이 더 알아보고 싶은 문제점을 하나 정합니다.

써클 맵

1. 원을 크게 두 개 그립니다.
2. 가운데 원에 주제를 쓰고, 큰 원 바깥에 이름을 씁니다.
   (이름을 쓰면 책임감이 생깁니다.)
3. 큰 원과 작은 원 사이에 내 생각을 글과 그림으로 드러냅니다.
   (많으면 많을수록 좋다고 말해 줍니다.)
4. 모둠 안에서 돌아가며 발표를 합니다.
5. 스티커를 받고, 마음에 드는 곳에 투표를 합니다.
   (내 것도 좋고, 다른 친구 것도 좋습니다.)
6. 많이 나온 것을 포스트잇에 씁니다.
7. 모둠별로 돌아가며 발표합니다.

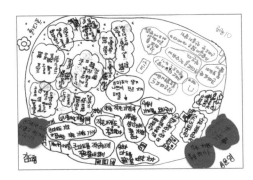

모둠에서 정한 문제점을 더 살피는 시간을 갖습니다. 모둠이 함께 찾은 문제가 있는 곳을 다시 가 봅니다. 함께 다니며 본 것보다 더 자세하게 살핍니다. 이 문제를 어떻게 해결하는 것이 좋을지 생각하며 살핍니다. 모둠이 함께 모여서 문제와 해결방법으로 알림종이를 만듭니다.

써클 맵 활동은 이런 점에서 좋습니다

• 모두가 함께합니다. 모둠 활동에서 주제를 주고 결과를 내게 하면 주도하는 아이, 무관심한 아이가 있습니다. 그런데 써클 맵 활동에서는 모두가 참여합니다. 꼭 참여해야 하니 그렇습니다. 모두가 써야 하고, 모두가 돌아가며 말합니다. 그냥 말하라고 하면 못하는데 쓰면 할 수 있습니다.

• 활동 과정이 부담스럽지 않습니다. 아이들이 쓰고 말하는 과정에 모두가 참여하는 까닭 중에 하나가 편하기 때문입니다. 무엇을 쓰고 그리든, 무엇을 말하든 평가하지 않습니다. 물론 친구가 듣고 묻기도 하지만 그 부담은 크지 않습니다. 늘 함께하는 모둠원들과 하는 활동이라 편합니다. 마음이 편하니 나오는 의견도 다양합니다.

• 아이들 말과 웃음이 가득합니다. 아이들은 와글와글 쉴 새 없이 말합

니다. 아, 말하지 않고 조용할 때도 있습니다. 글과 그림으로 생각을 드러낼 때는 말하지 않습니다. 그때는 말하지 않도록 미리 말해 줍니다. 그 뒤부터는 이야기꽃이 핍니다. 그러니 웃음소리도 많이 나옵니다. 교실이 들썩거립니다.

💡 머리가 멍했어요

학생들이 문제를 찾고, 그 문제에서 우리가 해결하고픈 것을 고르고, 해결방법을 함께 찾았습니다. 그러고는 바로 이어서 줄글로 담았습니다.

"여러분, 정말 대단한 것 같아요."

"뭐가요?"

"4학년이 이렇게 생각을 내고, 글로 쓰다니 대단해요."

"쓸 때는 몰랐는데 마치고 나니 머리가 멍했어요."

다른 학생은 "다 쓰고 나니 기분이 좋았어요." 합니다.

"어제 영근 샘도 그랬어요. 저녁에 쓸 게 있어 쓰는데, 오랜만에 집중한 거예요. 그러니 마치고서 힘은 쭉 빠지는데 굉장히 기분이 좋았어요."

학생들도 생각을 꺼내고 글을 쓰면 힘이 쭉 빠져 머리가 멍하지만 기분이 좋은 경험을 합니다. 글 쓸 때마다 이러지는 않지만 글을 자주 쓰다 보니 겪을 수 있는 경험입니다. 그래서 우리 학생들에게 미안하면서도 더없이 고맙습니다.

제안하는 글, 이렇게 써요

1. 우리 반 학생들이 직접 겪는 문제를 찾습니다.

2. 학생들이 말한 여러 문제 상황에서 세 가지를 고릅니다.

3. 문제 상황마다 실천할 수 있는 해결방법을 찾습니다.

4. 이 문제를 해결하면 좋은 점을 생각합니다.

5. 제안하는 글은 문제 상황-해결방법-좋은 점을 드러내어 씁니다.

6. 문제 상황을 교실에서 시작해 학교, 마을로 넓혀 갑니다.

9장

주장하는 글

- 논설문 -

"선생님, 우리 반도 ○○해요."

"왜?"

"그냥 재밌잖아요."

학생들은 자기 생각이 있습니다. 생각은 '사물을 헤아리고 판단하는 작용'입니다. 이때 그 생각으로 '방안이나 의견을 내놓는' 제안을 할 수 있습니다. 이 생각이 강해 '의견을 굳게 내세우는' 주장을 펼 수 있습니다.

생각 : 청소가 필요하다.
제안 : 청소 당번이 있으면 좋겠다.
주장 : 청소 당번이 있어야 한다.

참사랑땀 반은 토론을 많이 합니다. 주에 한 번 도덕 수업은 토론으로 하고 있습니다. 토론에서 주장하는 말을 '입안'이라 합니다. 이 주장하는 말, 입안을 글로 써 준비하는데 그 형식은 논설문(입론)과 같습니다. 토론을 하기 위해 주장하는 글(입론)을 쓰고, 토론에서는 그것을 바탕으로 주장(입안)합니다. 토론에서 쓰는 주장하는 글은 주장하는 말하기를 위해 씁니다. 일상에서 주장하는 글도 주장하는 말과 같다고 생각합니다.

"우리 반이 청소가 잘 안 되는 것 같아요."
"그런가요? 그럼 어떻게 하면 좋을까요?"
"청소 당번을 둬요."
"왜?"

이때 우리 학생들이 대답을 멈추는 때가 많습니다. 꼭 위와 같은 상황이 아니더라도 "왜?"라는 말에 또렷한 근거를 대는 걸 어려워합니다. 일상에서 자기주장을 또렷하게 해 볼 기회가 적었기 때문입니다. 학생들 주장이 좋아지고 많아졌다고 하지만 아직도 제대로 자기주장을 하는 모습은 드뭅니다.

"됐거든."

학생들끼리 말하다가 조금이라도 생각이 막히면 이런 말로 더 이상 말을 주고받지 않습니다. 아주 짧은 줄임말이나 감정 표현으로 자기 기분만 드러내지 왜 그런지 까닭을 드러내지 않습니다. 사람마다 자기 생각이 있고, 그 생각이 짙으면 당연히 주장을 합니다. 주장한다는 것은 상대를 설득하려는 생각이 바탕입니다. 그런데 이런 감정 표현만으로는 상대를 설득할 수 없습니다.

주장에 근거를 대고 말했음에도 설득하지 못할 때가 있습니다. 집에서도, 학교에서도 내 모든 주장이 상대를 설득할 수는 없습니다. 이건 학생만 그런 게 아닙니다. 설득하지 못할 때는 상대에게 공감이라도 얻어야 합니다. 애써 주장했는데 감정만 내세워 서로 마음이 상하지 않아야 합니다. 그러기 위해서는 주장하는 말이 달라야 합니다. 논리가 있어야 합니다. 주장하는 글을 쓴다는 건, 주장하는 말을 글로 드러내는 기회이기도 합니다.

1

준비가 중요한
주장하는 글

글감은 삶에서 찾는다

> **(상황-1)**
>
> "여러분, 우리나라가 앞으로도 원자력 발전소를 계속 지어야 할까요?"
>
> "지으면 안 될 것 같아요."
>
> "왜요?"
>
> "네? 잘 모르겠어요."
>
>
> **(상황-2)**
>
> "여러분, 물통을 가지고 다니는데 책상에 올려 둬도 되나요?"
>
> "저는 안 될 것 같아요."
>
> "왜죠?"
>
> "물통이 걸려 넘어져 물을 쏟아서 싸운 적이 있어요."

학생들에게 물으면 위와 비슷한 대답을 할 것 같습니다. 원자력 발전소에 대해 물으면 아주 적은 학생들만 대답하고 대부분은 대답하지 못합니다. 반면, 물통에 대해 물으면 거의 모두가 어렵지 않게 자기 생각을 드러냅니다. 왜 그럴까요? 말할 수 있고 없고의 차이입니다. 원자력 발전소는 제대로 알지 못하기 때문에 말할 게 없습니다. 원자력 발전소가 무엇인지도 모르는데 그것을 계속 지어야 하는지 판단하라고 하니 어렵습니다.

물통을 책상에 올려 둬도 되는지는 어렵지 않습니다. 학생들은 여름이면 물통을 가지고 다니며 책상에 올려 두고 필요할 때 마십니다. 자기는 없더라도 다른 친구들이 가지고 다니는 모습을 보며 지냅니다. 이렇듯 학생들이 살면서 겪는 일은 말할 수 있습니다. 누구든지 말할 수 있습니다. 토론에서 자주 하는 말에 '아는 만큼 말할 수 있다'는 말이 있습니다. 이 말을 빌려 와 '말할 수 있어야 글로 쓸 수 있다'고 한다면 틀린 말일까요?

삶에서 주장하는 글의 글감을 찾으면 좋겠다고 하는 두 번째 까닭은 자료를 찾을 필요가 없기 때문입니다. 자료가 없어도 학생들은 자기가 겪은 경험으로 충분히 말할 수 있습니다. 흔히 우리는 주장이 힘을 얻으려면 경험이 아닌 일반화된 자료여야 한다고 말합니다. 개인 경험은 성급한 일반화의 오류로 지적받기도 합니다. 보통 그 사람만 하는 경험일 때 그렇습니다. 그런데 학생들이 삶에서 겪는 경험은 다른 학생들도 겪는 일입니다. 다른 학생들이 "너만 겪잖아." 하고 반박하지 않고 고개 끄덕이며 받아들이는 경험입니다.

학생들 삶으로 글감을 하는 것이 좋습니다. 왜냐하면 우리 학생들은 주장하는 글이 어렵기 때문입니다. 어떻게 써야 하는지 모르기에 글감이라도 쓸 수 있는 것으로 해야 한다는 생각입니다. 삶에서 찾은 쉬운 글감으로 주장하는 글을 여러 번 써 봅니다. 그리고 글감을 삶에서 상식으로 조금씩 넓혀 가도록 합니다.

글감으로 이야기 나누기

'책상에 물통을 두는 것이 좋다.'

주장하는 글로 쓸 글감을 정했습니다. 주장하는 글의 구성(서론, 본론, 결론)도 안내했습니다.

"이것으로 주장하는 글을 써 보세요."

학생들이 주장하는 글을 씁니다. 5, 6학년이면 주장하는 글을 쓸 수 있습니다. 주장하는 글 구성에 맞게 글을 씁니다. 여기서 잠깐, 무엇을 어떻게 써야 할지 어려워하는 학생이 많이 보입니다. 주장하는 글을 바로 쓸 때면 다른 글을 쓸 때보다 이 숫자가 훨씬 더 많습니다. 이 학생들을 도울 수 있는 방법으로 글감으로 이야기 나누기(글감 분석)가 있습니다.

앞서 겪은 일 쓰기에서 함께 겪은 일을 이야기 나누며 쓰기 어려워하는 학생을 도왔습니다. 제안하는 글을 쓸 때도 문제 상황 - 해결방법 - 좋은 점을 학생들과 이야기를 나눴습니다. 주장하는 글을 쓸 때도 이와 비슷한 과정을 거칩니다. 어려워하는 학생들이 써야 할 글감을 제대로 알기 위함입니다. 자칫 관념으로 어설프게 알 수 있기에 제대로 알고 쓸 수 있도록 돕습니다. 특히, 주장하는 글, 논설문은 초등학생들에게는 쉬운 글이 아니기에 이 과정이 더 필요합니다.

참사랑땀 반에서 글감으로 이야기 나눌 때는 학급 전체가 함께합니다. 칠판을 이용해서 학생들 말로 하나씩 풀어 갑니다. 글감을 칠판 가운데 크게 쓰고 생각그물(마인드맵)로 써 갑니다. 글감으로 이야기 나누는 데 보통 10분에서 20분 정도 시간이 걸립니다. 우리 반은 토론 때마다 하니 처음에 걸리던 시간보다 갈수록 조금씩 줄어들었습니다.

글감 분석은 모둠에서도 할 수 있습니다. 이때는 모둠 칠판을 쓰거나 도화지를 이용하면 좋습니다. 모둠이 함께 글감 분석을 할 때는 가운데에 글감을 쓰고 학생들과 이야기를 나눕니다. 개인이 혼자 글감 분석을 할 수도 있습니다. 개인으로 할 때는 학급 전체가 하는 글감 분석과 같이 생각그물 모습 그대로 합니다. 물론 이렇게 하기 위해서는 학급 전체 글감 분석을 여러 번 해 본 경험이 있거나, 이 정도를 해 낼 수 있는 힘(학년이나 능력)이 있어야 합니다.

글감 분석이 필요한 까닭

- 글감에 흥미를 가져 글을 쓰는 것에 조금 쉽게 다가갑니다.
- 글감이 갖는 뜻을 정확하게 알게 되어 글을 쓸 때 헷갈리지 않습니다.
- 주장하는 글에서 학생들이 가장 힘들어하는 근거에 대해 도움을 주고받을 수 있습니다.

배경 설명과 개념 정의

칠판에 글감, '물통을 책상에 두는 것이 좋다'를 크게 씁니다.

"여러분이 잘 알고 있겠지만 그래도 조금 더 이야기 나눠 볼게요. 먼저 물통은 왜 가지고 오지요?"

"물을 마시고 싶을 때 마시게요."

"학교에 정수기가 있잖아요."

"멀어요. 먹고 싶을 때 바로 먹으려면 가지고 오는 게 좋아요."

"혹시 물통 가지고 다니는 사람?"

물통으로 이런저런 이야기를 나눴습니다. 물통을 두는 책상으로도 이야기를 나눕니다.

"책상에는 지금 뭐가 있나요?"

"책이요." "저는 우유가 있어요." "저는 공기가 있어요."

"물통은 어디에 두나요?"

"책상에 둬요." "사물함에 넣어 둬요."

"또 어디에 둘 수 있나요?"

"가방 안에 둘 수 있어요." "책상 고리에 걸어 둘 수 있어요."

물통이나 책상으로 이야기를 나눠도 많은 이야기가 나옵니다. 이렇게 그 뜻을 하나하나 살피면 학생들에게 많은 이야기가 나옵니다. "사물함에 넣어 둬요." 하는 말에, "그럼 수업 시간에 먹고 싶을 때 불편하잖아." 하며 의견이 맞서기도 합니다. 이때, "자, 지금은 생각을 나누기만 할게요." 할 수도 있고, "그럼 그걸로 이야기를 조금 더 해 볼까요?" 하며 자연스럽게 토론을 이어가기도 합니다. 학생들 말로 생각을 넓혀 갈 수도 있고, 새로운 방향으로 흘러갈 수도 있습니다.

주장에서 나올 수 있는 근거

"물통을 책상에 두면 뭐가 좋을까요? 이걸 찬성이라 할 수 있겠죠. 찬성으로 내세울 수 있는 까닭, 근거는 뭐가 있을까요?"

학생들 말로 주장의 근거를 찾는 질문입니다.

"언제든 물 먹고 싶을 때 바로 마실 수 있어요."

"수업 시간에도 물을 마실 수 있어요."

"선생님이나 친구들 눈치 보지 않아도 돼요."

"다른 곳에 두면 친구 것이랑 헷갈릴 수 있어요."

"그럼 반대로는 뭐가 있을까요? 그러니까 물통을 책상에 두면 안 되는 까닭은 무엇일까요?

"물통이 바닥에 떨어지면 시끄럽고 깨지기도 해요."

"수업 시간에 물통으로 장난치며 집중을 하지 않아요."

"마시다가 뚜껑을 꽉 닫지 않아 물을 쏟을 수 있어요."

"안 가지고 있는 친구가 가져가거나 물을 몰래 마실 수 있어요."

참사랑땀 반 4학년 학생들이 내세운 근거입니다. 주장하는 글은 5학년 때 나오지만 4학년도 이렇게 이야기 나누고 토론할 수 있습니다. 물론 글감으로 이야기 나눌 때 학년마다 그 수준에서 큰 차이를 보입니다. 이 글감으로 5학년이나 6학년과 이야기를 나누면 훨씬 더 깊이 있는 이야기가 나올 것입니다. 또한 한 번이 아니라 자주 한다면 할 때마다 학생들 말이 더 깊어지고 또렷해지는 것을 알 수 있습니다.

경험에 대해 이야기 나누기

"이런 경험이 많았네요. 여러분이 이야기한 많은 근거에서 하나씩 정해 보세요. 그리고 그것에서 자기 경험을 생각해 보세요. 옆에 친구랑 이야기를 나누며 경험을 더 떠올려도 좋아요. 찬성에서 근거를 고른 학생은 파란 빛깔 포스트잇을 가지고 가서 써 주고, 반대에서 근거를 고른 학생은 빨간 빛깔을 가지고 가서 쓰세요. 하나를 다 쓴 학생은 칠판에 붙여 두고, 하나를 더 가져가서 두 번째 경험도 찾아 주세요. 두 개씩 경험을 찾아 써 보

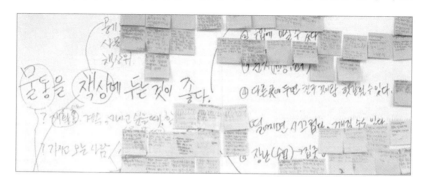

도록 할게요. 어떤 경험을 써야 할지 잘 모르겠는 학생은 친구들이 써 붙인

것을 참고해서 쓰도록 하세요."

찬성	반대
[수업 시간에 마실 수 있다] 수업 시간에 물 마시고 싶을 때 물 마시러 가는 것을 선생님이 안 된다고 할 수 있는데 물통이 책상에 있으면 마실 수 있어 좋다.	[물통으로 장난을 쳐 수업에 집중하지 못한다] 초등학교 3학년 때 심심해져서 물통으로 장난을 쳤다. 갑자기 물통이 확 떨어졌다. 애들이 깜짝 놀랐다.

영근 샘의 글쓰기 수업

4단 논법으로
주장하는 글 쓰기

주장하는 글(논설문) 형식

단계	내용
서론-처음	배경 설명, 개념 정의, 주장
본론-가운데	근거-1 : 설명 자료
	근거-2 : 설명 자료
	근거-3 : 설명 자료
결론-끝	정리(근거-1, 2, 3), 다시 주장

서론(들어가기) - 처음

논설문에서 서론은 주장으로 들어가는 단계입니다. 서론은 글을 읽는
사람에게 관심을 끄는 역할을 합니다. 서론에는 이 글감이 나온 까닭, 즉
배경을 설명합니다. 글감 관련 뉴스나 경험으로 문제가 있음을 드러냅니다.
이어서 개념 정의를 합니다. 글감에 나오는 개념을 하나하나 풀어냅니다.
개념 정의는 사전적 정의를 할 수도 있고, 우리가 일상에서 쓰는 정의로 할
수 있습니다. 나는 찬성하는지 반대하는지를 주장하며 서론을 마칩니다.

본론 - 가운데

논설문에서 본론은 글감에 대한 내 주장(찬성 또는 반대)의 근거를 드러내는 과정입니다. 주장이 힘을 얻으려면 근거가 또렷하고 힘이 있어야 합니다. 글을 쓸 때는 근거를 보통 세 가지 듭니다. 꼭 세 개여야 하는 것은 아니지만 흔히 세 개를 드러냅니다. '첫째, ~하기 때문입니다'로 근거를 적습니다. 근거마다 설명 자료가 있어야 그 근거는 믿음이 갑니다. 근거만으로는 상대를 설득하는 힘이 약하기 때문입니다. 그러기 위해 뒷받침해 주는 적절한 자료가 있어야 합니다. 설명 자료로는 보통 신문기사, 책, 전문가의 의견 따위에서 가져옵니다. 삶과 관련한 글감일 때는 글을 읽는 사람도 경험했을 만한 것을 설명 자료로 제시합니다.

결론 - 끝

논설문은 결론으로 마무리합니다. 결론은 근거를 간단하게 정리하며 주장을 다시 한번 드러냅니다. 보통 본론에서 내세운 근거(첫째, 둘째, 셋째)를 언급하고 다시 주장(찬성 또는 반대)을 정리하며 마칩니다.

4단 논법

주장(찬성, 반대) → 근거(왜냐하면) →

설명(예를 들면) → 정리(그래서)

"여러분, 서론은 주장만 펴도록 하세요. 이번이 처음 쓰는 글이니 본론에서 근거는 하나만 하도록 할게요. 근거를 하나 정했으면 예를 하나 드는

데, 자신의 경험을 써 보세요. 결론에는 근거를 한 번 더 드러내면서 '찬성한다, 반대한다'로 마치도록 하세요."

참사랑땀 반에서는 학생들에게 위와 같이 4단 논법을 설명합니다. 학생들에게 논설문을 쓰게 하면 어려워하는 게 비슷합니다. 학생들이 가장 쓰기 어려워하는 것은 서론입니다. 서론에서 배경 설명과 개념 정의를 하다 보면 학생들이 지칩니다.

영근 샘은 논설문에서 근거-설명 자료가 가장 중요하다고 생각합니다. 그렇다고 서론이 필요하지 않다는 것은 아닙니다. 다만, 아직 쓸 힘이 모자라기에 할 수 있는 만큼 해 보자는 생각에서 서론은 배경 설명과 개념 정의는 빼고 주장(찬성한다/반대한다, 이다/아니다, 해야 한다/하지 말아야 한다, 필요하다/필요하지 않다)만 하도록 했습니다.

서론에서 주장만 하는 까닭이 또 있습니다. 글감 분석을 이미 했기 때문입니다. 글감 분석을 하며 학생들과 배경 설명으로 이런저런 이야기를 나눴습니다. 또 글감에 나오는 낱말을 함께 이야기 나누며 개념 정의도 했습니다. 학생들이 논설문에 배경 설명과 개념 정의를 쓰지 않아도 이야기를 나눈 것으로 충분합니다.

논설문에서 본론은 근거를 세 개 쓰게 하는데, 참사랑땀 반에서는 이것 또한 하나부터 시작해 조금씩 늘려 갑니다. 4학년 학생들과 논설문을 처음 쓸 때는 근거를 하나만 하도록 했습니다. 다음에는 근거를 두 개로 늘립니다. 두 개로 늘려서 하다가 2학기에는 세 개로 늘립니다. 5, 6학년에도 이와 같이 근거를 하나씩 늘려가는 것이 좋다고 생각합니다. 다만 근거를 둘에서 셋으로 넘어가는 과정이 학년이 올라갈수록 빠릅니다. 결론으로는 앞서 형식에서 본 것처럼 근거를 한 번씩 더 정리하며 주장으로 마칩니다.

대중가요 가사는 우리말로 해야 한다고 생각합니다. 첫째, 못 알아듣는 말이 많습니다. 우리가 대부분 아는 레드벨벳이 부른 '빨간 맛'이라는 노래가 있습니다. '빨간 맛'에서 랩 부분이 있습니다. 저는 '빨간 맛'에 나오는 랩을 지금도 못 알아듣습니다. 근데 그것뿐만이 아니라 못 알아듣는 영어까지 있어서 알아듣기가 더 힘듭니다. 둘째, 누구나 알아듣게 하려면 우리 언어 '한글'이어야 합니다. 요즘 들어 노래 제목이나 가사에는 영어가 대부분입니다. 근데 저는 거의 못 알아듣는 경우가 많습니다. 가사를 봐도, 들어도 그 뜻을 몰라 물어보든가 또는 찾아봐야 되는데, 우리 언어 '한글'은 누구나 알아듣습니다. 그래서 첫째, 못 알아듣는 말이 많고, 누구나 알아듣게 하려면, 대중가요 가사는 우리말로 해야 합니다. (참사랑땀 4학년 조서윤)

참사랑땀 반 논설문 양식

처음 주장하는 글을 쓸 때 우리 반 글쓰기 공책인 줄공책에 써 보게 했습니다. 다른 갈래 글도 줄공책에 쓰기 때문입니다. 앞서 다른 갈래 글에서 설명했듯 줄공책이 아닌 틀이 있는 공책이 학생들이 글을 쓰는 걸 더 어렵게 해서 우리 반은 줄공책에 글을 씁니다. 그런데 논설문은 줄공책에 쓰니 학생들이 오히려 어려워합니다. 쓰기는 쓰는데 설명 자료를 제대로 묶어 내지 못합니다.

줄공책에 쓰게 하니 흔히 학생들은 주장 – 근거(1) – 근거(2) – 근거(3) – 다시 주장으로 마칩니다. 근거만 나열할 뿐 근거마다 알맞은 설명 자료를 덧붙이지 못합니다. 많은 학생들이 이런 모습을 보입니다. 근거와 설명 자료를 연결하는 과정, 이것이 논리인데 학생들에게는 이것이 어렵습니다. 그래서 요즘은 양식지를 만들어서 쓰고 있습니다. 양식지는 근거에 설명 자료를 쓸 수 있도록 돕기 위함입니다.

　물론 다른 글과 마찬가지로 논설문도 양식 없이 쓸 수 있어야 합니다. 양식으로 익숙해지면 양식을 걷어 내기도 합니다. 그런데 반드시 이런 과정을 거쳐야 한다고 생각하지는 않습니다. 아직 논리가 약한 때라 학생들이 양식을 빼고 쓸 필요는 없는 것 같습니다.

(주장)

(근거1) 첫째,

(설명자료1 - 경험, 신문기사, 책 따위)	

(근거2) 둘째,

(설명자료2 - 경험, 신문기사, 책 따위)	

(근거3) 셋째,

(설명자료3 - 경험, 신문기사, 책 따위)	

(정리)

급식을 남김없이 먹어야 한다고 생각합니다. 첫째, 급식을 만들어 주신 분과 농부가 힘들게 가꾼 채소와 곡식을 함부로 버리는 것은 예의가 아니고 실제로 제가 3학년 때 음식을 더 받으러 급식실에 갔을 때, "아이들이 급식을 많이 버려서 슬프다."라고 말하셨습니다. 둘째, 급식을 남기면 환경이 오염되기 때문입니다. 제가 신문기사에서 자료를 찾아왔는데 우리나라 하루 음식물 쓰레기 발생량이 약 12663톤으로 나왔으며, 이 쓰레기의 연간 처리비용만 8000억이 들어가고 있다고 하고 환경오염도 무척 심하다고 하기 때문입니다. 그래서 첫째, 급식을 함부로 버리는 건 농부에게 예의가 아니고, 급식을 남기면 환경이 오염되기 때문에 저는 급식을 남김없이 먹어야 한다고 생각합니다. (참사랑땀 5학년 신예은)

'경로석이 아닌 자리라도 어른들께 양보를 해야 한다'에 반대합니다. 먼저 여기서 얘기하는 어른은 만 65세 이상의 노인분들을 말합니다. 경로석 외 일반인들이 앉을 수 있는 일반석은 노인분들께 자리를 양보하지 않아도 된다고 생각합니다. 첫째, 어른들을 위한 경로석이 충분합니다. 우리나라에 만 65세 이상의 성인 비율은 전체 인구의 15% 정도입니다. 그런데 지하철에서 전체 54석 중 12석이 경로석으로 전체의 약 22%입니다. 시내버스에서는 전체 28석 중 6석이 경로석입니다. 20%의 자리가 경로석으로 자리가 충분하기에 굳이 일반석까지 양보를 해야 할 필요는 없다고 생각합니다.

둘째, 돈을 내고 이용하는 젊은 사람들에게 불공평합니다. 우리나라의 대중교통은 요금을 내지 않는 경우가 두 가지 있습니다. 하나는 국가 유공자와 다른 하나는 만 65세 이상의 노인들입니다. 이러한 혜택과 경로석이라는 또 다른 혜택을 주었는데도 일반석까지 양보를 한다면, 이것은 젊은 사람들이 더욱 불공평한 대우를 받는 것이라고 생각합니다.

셋째, 자신이 원하는 자리에 앉을 권리가 있습니다. 우리나라에서는 자신이 자유

영근 샘의 글쓰기 수업

를 가질 권리를 보장하고 있습니다. 근데 자기가 원하여 앉고 싶은 자리에 앉았는데 어른들이 양보해 달라고 해서 자리를 양보하는 것은 어른들이 자신의 자유권을 침해한 것이나 다름없습니다.

지금까지 첫째, 어른들을 위한 경로석이 충분하다, 둘째, 돈을 내고 이용하는 사람들에게 불공평하다, 셋째, 자신이 원하는 자리에 앉을 권리가 있다, 라는 내용으로 '경로석이 아닌 자리라도 어른들께 양보를 해야 한다'라는 내용에 반대합니다. (참사랑땀 6학년 이수민)

교실토론에서는 찬성과 반대를 모두 해 본다

주장하는 글(논설문)을 쓸 때는 학생마다 찬성과 반대에서 한쪽을 골라 씁니다. 자기가 옳다고 생각하는 것을 쓰는 것은 마땅합니다. 그런데 교실토론에서는 조금 다릅니다. 교실토론에서는 찬성과 반대를 모두 경험하도록 찬성과 반대 둘 다 주장하는 글(입론)을 쓰게 합니다. 학생들은 찬성과 반대를 모두 경험하며 모든 주장에는 나름의 근거가 있음을 알게 됩니다. 그래서 처음 생각한 주장이 토론하고서 바뀌기도 합니다.

찬성과 반대를 모두 경험한 학생들은 토론을 마치며 자기주장을 다시 한번 드러냅니다. 이때는 가치수직선 기법을 활용해 자기주장을 정리합니다. 가치수직선 기법은 자기의 생각을 숫자로 나타내어 드러내는 것으로, 어떤 가치에 자기가 생각하는 정도를 숫자로 나타내고 그 까닭을 설명하는 방식입니다.

💡 어른들도 알면 좋아요

"어른들도 주장하는 방법을 잘 모르는 것 같아요."

제가 체육부장을 맡았을 때 교장실에서 운동회로 의견을 드린 적이 있었습니다. 올해 운동회를 이렇게 하면 좋겠다고 설명을 다 드렸다 싶었는데, 교장 선생님이 "그래서 체육부장님, 어떻게 하자는 거죠?" 하며 되묻습니다. 그러고 보니 제 주장(대운동회로 하자, 놀이마당으로 하자)은 말하지 않고, 다른 이야기(작년 운동회 이야기, 우리 반 학부모와 학생들 의견)를 하고 있었습니다.

다른 사람들 말을 들어 봐도 주장이나 생각을 먼저 내세우기보다는 예를 먼저 들며 말하는 걸 많이 봅니다. 주장을 바로 말하면 상대에게 실례할까 봐 그럴 수 있는데, 영근 샘처럼 하고픈 말이 제대로 전해지지 않을 수 있습니다. 예의는 갖추되 하고픈 말을 제대로 드러내기 위해서는 주장하는 방법을 4단 논법(해야 한다–왜냐하면–예를 들면–그래서 해야 한다)을 어른들도 머릿속에 가지고 계시면 좋을 것 같습니다. 이렇게 말하면 명쾌하면서도 훨씬 더 힘이 있습니다.

주장하는 글, 이렇게 써요

1. 글감을 학생들 삶에서 찾습니다.

2. 정한 글감으로 학생들과 이야기 나누며 자세히 살핍니다.

3. 주장하는 글 형식을 그대로 쓰지 않고 학생들 수준에 맞게 다듬어 4단 논법으로 합니다.(주장-근거-설명 자료-다시 주장)

4. 4단 논법으로 학생들이 쓸 수 있는 양식을 만듭니다.

5. 본론에서 근거도 처음에는 하나로 시작해 그 수를 세 개로 늘립니다.

6. 주장하는 글로 직접 토론까지 이어갑니다.

10장

화해하는 글

- 글로 화 풀기 -

"우리 반에 없어야 할 건 뭐가 있을까요?"
"우리 반에 있어야 할 건 뭐가 있을까요?"

3월 첫날 학생들 모습을 떠올려 봅니다. 늘 가던 길이지만 첫날은 그 느낌이 다릅니다. '우리 선생님은 어떤 분일까? 좋을까?', '우리 반 친구들은 누구일까? ○○는 있을까?' 학생들 마음은 아마도 이렇지 않을까요?

새 교실이 낯섭니다. 이전 학년에서 같은 반이 된 친한 친구라도 있으면 반갑게 이야기 나눕니다. 몇몇은 제자리에 앉아 두리번거리거나 한곳을 바라보고 있습니다. 이내 선생님이 들어오면 학생들은 조용해집니다. 교실에 묘한 기운이 흐릅니다.

첫날에는 할 게 많습니다. 교실마다, 선생님마다 학생들과 첫날 첫 만남은 다 다릅니다. 앞으로 학급살이에 필요한 것을 하나씩 만들어 가는 교실, 놀이나 이야기로 웃음 가득한 교실, 학급 규칙을 강조하며 다소 무겁게 시작하는 교실 등 제각각입니다.

우리 반은 인사를 나누고, 학생들 이름을 넣어 노래도 불러 줍니다. 그림책도 한 권 읽어 주고, 옛이야기도 한 자락 들려줍니다. 그러며 꼭 하는 게 있습니다. 우리 반에 없어야 할 것 세 가지를 정합니다.

"우리 반에 없어야 할 건 뭐가 있을까요?" 하는 물음에 학생들 의견을 받아 봅니다. 학생 모두 하나씩은 말하게 합니다. 다른 친구가 말한 내용을 말해도 괜찮습니다. 바로 생각이 나지 않으면 통과했다가 나중에 말해도 좋습니다. 우리 반에 없어야 할 것으로 '싸움, 따돌림, 비난, 질투, 욕설……'이 나옵니다.

학생들이 말한 것에서 많이 나오는 것을 찾습니다. 보통 가장 많이 나오는 것은 '싸움, 따돌림'입니다. 이 두 가지에 제 바람으로 '전담수업'을 하나 더 보탭니다. 이것을 칠판 위에 정성껏 씁니다.

　"여러분이 우리 반에 없었으면 하는 것으로 '싸움'과 '따돌림'을 말했어요. 선생님은 '전담수업'을 하나 정했어요."

　"전담수업은 뭐예요?"

　"아, 전담수업으로 영어와 과학, 체육 수업을 갈 때 우리 교실에서 공부하는 것과 같았으면 해요. 전담수업에서 선생님을 힘들게 하는 행동을 하지 않았으면 좋겠어요."

　첫날이라 학생들은 선생님이 하는 말을 귀담아 듣습니다.

　"우리 반은 살아가다 문제가 생기면 선생님 혼자서 판단하지 않으려 해요. 학급회의를 해서 함께 풀 생각이에요. 그런데 위의 세 가지, 싸움과 따돌림 그리고 전담수업을 제대로 하지 않는 것은 회의도 하겠지만 수업 마치고 그 일을 만든 사람과 상담을 할 거예요. 선생님은 이런 일로 여러분과 상담하지 않길 바라요."

　실제 우리 반은 학급회의로 문제를 풀고 있습니다. 금요일마다 한 시간씩 학급회의로 우리 반에서 일어나는 문제를 학생들이 스스로 풀어갑니다. 이 시간이 아니더라도 문제가 일어났는데 바로 풀어야 할 것이라면 그때마다 회의를 합니다.

　이렇게 3월 첫날 세 가지를 정하면 셋 중에서 둘은 그래도 종종 일어나지만 한 가지는 잘 일어나지 않습니다. 잘 일어나지 않는 것은 따돌림입니다. 따돌림은 3월 첫날 이렇게 정한 뒤로 우리 교실에서는 일어난 적이 없습니다. 싸움은 잦아들지만 일어나고, 전담수업에서 우리 교실과 다른 모습을 보이는 일도 일어납니다. 그 까닭을 곰곰이 생각해 보았습니다. 싸움은 순간 감정에 치우쳐 일어나고, 전담수업은 교실을 벗어나는 즐거움이나 해방감에 마음이 들떠서 일어납니다. 그런데 이와 달리 따돌림은 이성으로 판단해서 하는 것이라 그런 것 같습니다.

1

학생들이 싸운다

싸움이 안 풀린다

교실에서 싸움은 자주 일어납니다. 특히 3월에는 더 많이 일어납니다. 같은 학교를 다니지만 새로이 만난 친구들입니다. 새롭게 서로 알아 가는 데 서로 다르기에 부딪힘이 일어납니다. 갈등이 생기고 이것이 조금 더 폭발해서 싸움이 생기는 것은 어쩜 피할 수 없는 것이기도 합니다. 싸움은 어느 교실에서나 있는 일로 우리 교실에서도 번번이 일어나는 일입니다.

"선생님, ○○와 △△가 싸워요."

"그래?" 하며 함께 가 봅니다. 옆에서 친구들이 둘의 싸움을 말립니다. 이렇게 말려서 싸움이 잦아들면 다행이지만, 가끔은 불구경하듯 싸움 구경만 할 때도 있습니다. 싸우는 두 학생이 서로 떨어지게 하는 게 가장 먼저 할 일입니다. 아직 초등학생인지라 서로 몸에 상처를 줄 만큼 큰 싸움은 없는 편이라 다행입니다. 그럼에도 가끔은 선생님 혼자서 둘을 떼어 놓기가 힘들 때도 있습니다. 그러면 옆에 있던 학생 도움을 받거나 다른 선생님 도움을 받아서라도 둘을 떼어 놓습니다.

싸운 둘을 데리고 교실로 갑니다. 교실에 학생들이 있을 때는 학년 연구실이나 상담실로 갑니다. 갈 때는 선생님 한 손에 한 명씩 잡고 갑니다. 선생님을 사이에 두고 걸어가는 사이 풀리면 좋지만 그런 경우는 드뭅니다. 선생님을 중간에 두고 걷다 서로 눈이 마주치면 아직도 서로에게 주먹을 내보이거나 험한 말을 합니다. 둘에게 그러지 말라고 합니다. 두 학생을 데리고 가는 것도 쉽지 않습니다.

상담실에 앉았습니다.

"자, 왜 싸웠는지 이야기해 보세요."

"저 새끼가요."

"○○야, 우리 욕은 빼고 말하면 좋겠다."

"△△가요. 제가 가는데 욕했어요."

"○○가 먼저 제 가방을 차고 갔다고요."

"안 찼어. 그냥 가는데 걸렸다고. 그런데 네가 욕했잖아."

"네가 차는 걸 봤다고."

"안 찼다고!"

두 학생 목소리가 점점 커집니다. 걸어오면서 조금 잦아들었던 감정이 다시 쏟아집니다. 억울하다며 숨이 거칠어지고, 눈물에 콧물까지 흘립니다. 이 모습을 보며 선생님으로서 당황스럽기만 합니다.

"잠시만. 둘이 우니까 무슨 말인지 모르겠잖아. ○○부터 하나하나 말해 보자."

선생님은 ○○와 하나씩 따져 가며 이야기를 합니다. 학생은 자기가 왜 화가 났는지 하나하나 말합니다. 흥분이 가라앉지 않아 몇 번이나 멈춰 가며 겨우 이야기를 듣습니다. 이제는 △△의 이야기도 듣습니다. 겨우 이야기를 어느 정도 들었습니다.

이야기를 다 들으니 왜 싸웠는지 상황을 알겠습니다. 선생님은 ○○와

△△에게 무엇이 잘못인지 정리하게 합니다. 이때 어느 한쪽이 잘못이라 하면 그 학생은 또 화가 나서 억울해합니다. 직접 드러내지는 않더라도 그런 생각을 갖기 쉽습니다. 더욱 안 좋은 상황은 그 생각을 가지고 집에 가서는 부모님께 말씀드려 부모님이 선생님께 연락하는 경우입니다. 이렇듯 학생들의 싸움을 제대로 풀어 보려 하지만 그게 쉽지 않습니다.

왜 싸울까?

좁은 교실에 많은 학생이 있으니 지나다니며 부딪칠 일이 많습니다. 친구 물건이 닿아 떨어지기도 하고, 친구 가방에 걸리거나 부딪치기도 합니다. 생각이 다를 수도 있고 오해가 생기기도 합니다. 사람마다 성향도 달라 나와 잘 맞는 친구도 있지만, 정말 안 맞는 친구도 있습니다. 안 맞는 친구와 짝이 되기도 하고 모둠이 되기도 해 함께해야 하는 일들이 있습니다. 이럴 때 잘 조율하는 학생도 있지만, 그러지 못한 학생은 다툼이 일어나기 마련입니다.

또래중재로 화 풀기

우리 반에는 모둠마다 역할이 있습니다. 그중 또래중재 모둠이 있습니다. 또래중재 모둠은 가장 먼저 또래중재 신고함을 만듭니다. 종이상자 같은 통으로 만드는 게 보통입니다. 어느 때는 교실 게시판에 신고를 글로 쓸 수 있게 신고종이를 붙이기도 합니다. 또래중재로 신고하는 내용은 여러

가지지만, 둘이 싸움이 될 내용을 신고할 때가 많습니다. 가끔은 또래중재로 신고하지는 않았지만 작은 마찰이나 다툼이 생겼을 때, "또래중재 모둠에서 해결해 보세요." 하고 맡기기도 합니다.

또래중재 모둠에 신고가 들어오면 가장 먼저 대상 학생(신고한 학생, 신고당한 학생 또는 싸운 두 학생)에게 또래중재할 곳(장소)과 때(시간)를 알립니다. 우리 반 학생들은 교실에서 점심시간이나 중간놀이시간에 주로 합니다. 어느 해에는 교실 옆이 상담실이라 그곳에서 많이 했습니다. 학교 마치고는 학생들이 학원이나 개인 약속으로 바빠서 잘 이뤄지지 않습니다.

또래중재 모둠에서 두 학생을 마주 보고 앉게 합니다. 마주 보고 앉아서 서로를 보며 제 주장(억울한 까닭, 화가 난 까닭, 심지어 욕을 하거나 때린 까닭)을 폅니다.

"먼저 ○○는 왜 신고했나요?"

"△△는 ○○가 한 신고 내용에 할 말이 있으면 하세요."

주장과 반박이 오갑니다. 제 주장이 더 옳다며 목소리가 높습니다. 처음 또래중재를 맡은 학생들은 당황하기도 합니다. 이런 모습을 어떻게 중재해야 할지 경험이 없기 때문입니다. 그런데 신기하게도 몇 번 서로 주장을 주고받고 나면 학생 둘은 금세 목소리가 잦아듭니다. 그러더니 한 학생이 먼저 "미안해." 하고 말합니다. 그렇게 또래중재는 문제를 풀고 끝이 납니다.

화가 많이 나 씩씩거리던 두 학생도 마주 보고 앉아 이야기하다 보면 몇 분 후 금세 화해하고는 함께 축구한다고 신나게 나갑니다. 그럴 때면 학생들이 놀이로 또래중재를 신청했나 하는 생각이 들기도 합니다.

또래중재 하는 시간은 점심시간이 많습니다. 점심시간에 학생들이 무엇을 하고 싶은지 모두가 다 압니다. 나가서 놀고 싶고, 축구도 하고 싶습니다. 그런데 또래중재에 신고해서, 신고당해서 놀지 못하고 있어야 합니다. 쉬는 시간에 신고하고 그 사이 마음이 많이 풀리기까지 했는데 말입니다.

그러니 또래중재가 열리자마자 한 학생이 그럽니다. "미안해. 정말 미안해."
상대방도 자기도 미안하다며 사과합니다. 그러고는 둘이 운동장으로 뛰어
나갑니다.

또래중재를 마치면 또래중재 모둠은 또래중재한 결과를 영근 샘에게 알
려야 합니다. 모둠에 개인 역할(이끔이, 나눔이, 기록이, 칭찬이)이 있는데 보통
기록이가 쓰고, 이끔이가 보고합니다. 물론 누가 쓰고 보고하든 그건 또래
중재 모둠에서 정해서 하면 됩니다.

학기 초에는 또래중재 모둠이 정말 바쁩니다. 어떤 해에는 신고가 너무
많아 또래중재 모둠을 두 모둠으로 두기도 했습니다. 학급회의에서 또래중
재가 너무 많으니 이런 경우에만 신고하라며 기준선(가이드라인)을 정하기
도 했습니다. 그런데 조금 더 시간이 지나 학급살이가 안정을 찾고 어울려
놀며 배우는 학급문화가 정착하면 또래중재 모둠은 할 일이 없습니다. 그
리면 또래중재 할 게 없다고 심심하다는 말까지 합니다. 그러다가 또래중재
가 없는 건 우리 반이 좋아서라며 좋아합니다.

학급회의에서 화해하기

○○와 △△가 쉬는 시간에 크게 싸웠습니다.
"자, 여러분, 디귿 자로 앉을게요. ○○와 △△가 싸웠는데 그것으로 잠
시 학급회의를 하도록 할게요. 회장, 진행해 주세요."
학생들 싸움으로 학급회의를 합니다. 금요일마다 학급회의를 한 시간
하지만, 처음 회의를 이끌라 하면 학생회장도 무엇을 어떻게 해야 할지 몰
라 합니다. 이때 옆에서 회장을 도와가며 둘 싸움을 풀어 봅니다.
"싸움이 있었어요. 그걸 같이 풀도록 할게요. 회장은 싸운 사람에게 말

하게 해 볼래요?”

“싸운 사람은 말해 주세요.”

“제가 있잖아요. ○○와 교실 바닥에서 공기를 하고 있는데, △△가 폴짝 뛰면서 일기장으로 제 등을 쳤어요. 사과하라고 말했는데도 안 했어요.”

싸움은 둘 사이에 일어나니 상대 이야기도 들어 봐야 합니다.

“△△에게 물어보세요.”

“△△도 말해 주세요.”

“저는 안 때렸는데 ○○가 저에게 사과하라며 화를 냈어요.”

조금 더 이야기를 주고받으니, △△는 뛰어 건너면서 일기장이 ○○에게 부딪힌 것을 몰랐다고 합니다. ○○는 △△이가 부딪치고 돌아봤다며 알았을 거라 합니다. 중재는 오래 걸리지 않았습니다. 일기장으로 등을 친 것을 미안하다 했고, 그것을 받아들이겠다고 합니다.

이렇게 싸운 둘이 모두 인정하면 쉽게 끝납니다. 보통은 이렇게 끝나지 않으니 문제입니다. 조금 더 오래, 조금 더 지리한 시간을 보내며 싸움을 풀어야 할 때가 많습니다.

“▽▽가 저를 때렸어요.”

“공기를 하고 있는데 ◁◁가 저에게 공기를 던졌어요.”

“공기가 ▽▽ 것인 줄 알고 준 거예요.”

◁◁가 하는 말에 본 학생들이 말을 거듭니다.

“아녜요. 던졌어요.”

“내가 언제? 나는 이렇게 줬다고.”

“저도 봤어요. 이렇게 준 게 아니라 위로 해서 던졌어요.”

“저도 봤어요.”

그제서야 ◁◁가 인정을 합니다.

“◁◁는 던진 것을 사과할 수 있나요?”

"던져서 미안해."

"알았어."

"▽▽는 무엇을 잘못했는지 말해 주세요."

"때린 게 잘못이에요."

"그럼 사과하세요."

"◁◁야, 때려서 미안해. 앞으로는 때리지 않을게."

학급회의로 싸움을 푸는 경우는 많지 않습니다. 조심스럽기 때문입니다. 학급 친구들에게 공개될 때 학생들은 도리어 방어하려는 마음이 생기기 때문입니다. 그럼에도 잦은 다툼이 일어나는 학생들의 경우, 학급 모두가 회의에서 머리를 맞대고 둘의 싸움으로 무엇이 힘든지 이야기 나누는 것도 좋습니다.

글로 화 푸는 법

종이에 써 보세요

"선생님, ○○와 △△가 싸워요."

싸운 두 학생을 부릅니다. 먼저 싸운 학생들 얼굴이며 행동 등 여러 모습을 눈으로 살핍니다. 어디라도 다쳤다면 싸움을 풀어주는 것보다는 치료부터 합니다. 싸워서 흥분은 그대로 있지만 다친 곳은 보이지 않습니다.

"자, 이거 받으세요."

싸운 두 학생에게 종이를 한 장씩 줍니다. 우리 반에서는 주로 A4 빈 종이를 줍니다. 종이를 받은 학생들에게 연필을 꺼내도록 합니다. 연필이 없을 때는 제가 가져온 연필을 대신 건넵니다. 학생들은 늘 그랬듯 반성문을 쓸 준비를 합니다. 그런데 우리 반은 반성문을 쓰지 않습니다.

"여러분, 우리 반에 없어야 할 세 가지는 무엇이라 했나요? 싸움, 따돌림, 전담수업이라 했죠? 그 셋 중에서 싸우면 선생님과 상담한다고 했잖아요? 수업을 마치고 선생님과 만날 수도 있지만, 싸운 그때그때 상담을 할건데요. 방법은 싸운 까닭을 글로 쓰는 거예요. 싸웠다고 반성문을 쓰는 건 아니에요. 나는 왜 싸울 수밖에 없었는지 자기 처지에서 써 주면 돼요. 그걸 읽어 보고서 선생님이 상담할 때 참고하도록 할게요."

학기 초에 위와 같이 미리 안내하면 좋습니다. 싸웠을 때는 흥분 상태입니다. 학생에 따라서는 흥분 상태라 선생님이 하라는 것도 거부할 수 있습니다. 학기 초에 싸웠을 때 우리 반 규칙(상담-글쓰기)을 정확하게 말해 주고 학생들에게 그 규칙을 확인해 두면 싸웠을 때 쓰는 것을 받아들이는 데 도움이 됩니다.

"지금 바로 쓰도록 하세요."

싸운 학생들에게 싸운 그때 종이를 주거나 글똥누기에 쓰게 합니다. 수업 마치고 남아서 문제를 풀 수도 있지만, 아직 감정이 남았다면 언제 다시 싸울지 모르는 경우가 많습니다. 그러니 싸운 바로 그때 글을 쓰며 푸는 것이 좋습니다.

학생들 싸움도 그 종류와 크기가 다 다릅니다. 종이를 따로 주면서까지 풀어야 할 일도 있지만, 아주 가볍게 풀 일도 있습니다. 흔히 짝과 수업 시간에 티격태격할 때입니다. 이럴 때는 종이를 따로 주지 않고 우리 반 아침 글쓰기 수첩인 글똥누기에 쓰도록 합니다. 사실 새로운 종이를 줄 때보다 글똥누기에 쓸 때가 더 많습니다.

"두 사람은 싸운 이야기를 쓰세요. 자기가 억울한 것을 더 자세하게 드러내도록 하세요. 무엇 때문에 싸웠는지를 먼저 쓰세요. 그리고 싸운 상황을 쓰는데, 상대방이 욕을 했다면 한 욕, 그때 내가 한 욕이나 행동도 함께 써 주세요. 상대가 때렸다면 어디를 몇 대나 때렸는지도 쓰세요. 그래야 읽어 보는 선생님이 그 상황을 더 잘 알 수 있으니까요."

앞서 말했듯 여기에 쓰는 글은 반성문이 아닙니다. 자기를 변호하는 글입니다. 내가 싸운 건 어쩔 수 없었다, 하는 글입니다. 그러기 위해서는 상대가 나에게 한 행동이나 말을 담아야 합니다. 흔히 학생들은 글쓰기를 싫

어한다고 합니다. 그럼에도 싸웠을 때 글을 쓴다고 하면 학생들은 막 쏟아
내는 편입니다. 상대가 나에게 한 잘못을 다 담아야 하니 친구가 한 욕, 때
린 곳, 때린 횟수까지 글 속에 다 담습니다.

"자기 자리에 가서 쓰세요."

학생들이 싸웠을 때 상담실로 학생을 보낼 때가 있었습니다. 그런데 그
때 담임교사가 그 학생들을 데리고 상담실로 가면, 교실에는 담임교사가
없습니다. 그렇다고 싸운 두 학생만 다른 곳으로 보내자니 그것도 걱정입니
다. 그래서 우리 반은 주로 교실에서 씁니다.

"옆에서 본 것 써 줄 수 있을까?"

학생들이 싸울 때는 늘 누군가 옆에 있습니다. 그래서 싸우는 상황을 옆
에서 본 친구들에게도 글로 써 줄 수 있는지 묻기도 합니다. 싸울 때마다
옆에 있던 친구들에게 쓰게 하지는 않습니다. 둘 싸움이 조금 컸거나, 글
을 쓰면서도 감정이 쉬이 삭지 않을 때(흥분이 가라앉지 않을 때) 써 줄 것
을 부탁합니다. 쓰는 것을 어려워하거나 힘들어한다면 싸울 때 모습을
말로 듣기도 합니다. 말로 들을 때는 싸운 두 학생이 듣지 않게 하는 것
이 좋습니다. 그 말을 들을 때 싸운 두 학생이 더 흥분하거나 말하는 학
생을 탓할 수도 있습니다. 옆에 있던 학생들 이야기를 들을 때도 조심스
러워야 합니다.

영근 샘의 글쓰기 수업

바꿔서 보고 또 쓰세요

"선생님, 다 썼어요."

"그거 나에게 주고 잠시만 기다리세요. ○○도 다 쓸 때까지만."

학생이 준 종이를 읽어 봅니다. 학생들이 싸웠을 때 그 내용을 읽어 보면 대부분이 오해거나 한쪽이 참지 못한 경우입니다. 읽고서 하고픈 말이 있지만 아무 말도 하지 않고 참습니다. 다른 학생이 쓸 때까지 기다립니다. 다른 학생도 다 썼다고 가져왔습니다. 그 학생이 쓴 종이도 읽어 봅니다. 흥분이 아직 가라앉지 않아 글씨가 삐뚤빼뚤합니다.

"둘이 바꿔서 보세요."

학생들은 자기 처지에서 왜 싸웠는지 썼으니 당연히 두 글에서 서로 다른 내용이 보입니다. 그럼에도 둘에게 아무 말도 하지 않고 바꿔서 읽어 보라고 합니다. 서로가 쓴 종이를 상대에게 건넵니다. 다시 자기 자리로 돌아가 상대가 쓴 글을 읽어 보라 합니다.

"친구 글을 읽었으면 밑에 하고픈 말을 쓰세요. 친구가 쓴 글이 잘못되었다면 아래에 바르게 쓰세요. 글로 토론한다고 생각하면 돼요."

다툰 두 학생에게 왜 싸웠는지 물을 때, 한 학생이 말하면 상대 학생이 바로 끼어듭니다. 상대가 하는 말이 틀렸다고, 상대가 거짓말을 하고 있다고 말하다 더 흥분합니다. 서로 글을 바꿔 읽고 글을 덧붙이는 건 상대 주장이 사실과 다르다고 반박하는 시간입니다. 상대가 쓴 글을 꼼꼼히 읽으며 그게 아니라고 따지듯 글을 씁니다. 싸울 때 상황을 하나하나 따집니다. 어떤 학생은 상대가 쓴 글에 줄을 그어 아래로 끌어내려 반박을 쓰기도 합니다.

두 학생이 또 다 썼다고 가져옵니다. 이번에도 제가 먼저 읽습니다. 그러고는 특별한 말없이 학생들에게 종이를 건네며 또 읽어 보라고 합니다. 학생들은 다시 제자리로 돌아가 바꾼 종이를 읽습니다.

"아래에 또 쓰세요."

친구가 덧붙여 쓴 글을 읽고 사실이 다른 내용이 있으면 다시 덧붙여 씁니다. 필요하다면 또 덧붙여 써 보게 합니다. 열에 아홉은 서너 번에 끝납니다. 처음 글은 자기 억울함을 가득 담습니다. 쓴 글을 바꿔 읽고 쓰는 글도 보통 그게 아니라는 반박입니다. 그런데 그 뒤부터는 조금씩 글 빛깔이 달라집니다. 십여 년 동안 싸울 때마다 이렇게 해 본 경험으로는 서너 번째부터 한 학생이 '미안해' 하고 글을 씁니다. 그러면 둘의 싸움은 끝이 보입니다. 친구가 미안하다고 쓴 글 아래에는 자기도 미안하고 쓰는 경우가 많기 때문입니다.

여럿이 싸웠을 때

여럿이 싸웠을 때는 조금 더 얽혀 있습니다. 그럼에도 푸는 방법은 글을 쓰는 것입니다. 둘이 다퉜을 때와 같은데 답글만 더 많은 친구에게 받습니다. 그 친구들이 쓴 답글 하나하나에 대답해야 하기에 둘이 싸웠을 때보다는 더 시간이 걸립니다. 그럼에도 여럿이 싸웠더라도 글로 푸는 과정은 같고, 그 결과도 비슷했습니다.

무엇이 풀리게 했을까?

첫째, 시간이 흘렀습니다.

사람은 화가 나면 변합니다. 보통 때와 다른 모습을 보입니다. 먼저 이성

영근 샘의 글쓰기 수업

을 잠시 잃고 흥분합니다. 흥분한 상태라 보통 때보다 말이 거칠고 때리기까지 합니다. 이렇게 흥분한 상태에서는 이 상황을 객관적으로 보기는 힘듭니다. 싸운 학생들을 불러서 왜 싸웠는지 물을 때 도리어 더 흥분하는 모습을 보입니다. 흥분이 가라앉기보다 말하면서 더 흥분해 목소리가 커지고 상황은 악화되기도 합니다.

이렇게 흥분한 학생들에게 종이를 건넵니다. 그러고는 싸운 이야기를 자세하게 글로 써 보라 합니다. 혼자 쓰라면 쓰기 귀찮아하는 학생도 내가 싸운 상대가 글로 쓰는 모습을 보면 자기도 글로 씁니다. 자세히 쓰라고 하니 싸운 상황을 하나하나 곱씹으며 왜 싸우게 되었고 어떻게 싸웠는지 씁니다. 첫 글을 쓸 때 어떻게 보면 시간이 길고 어떻게 보면 시간이 짧습니다. 학생에 따라 와락 쏟아 내기도 하고, 아주 천천히 자기 생각을 쓰기도 합니다. 먼저 쓴 학생은 다른 학생이 글을 다 쓸 동안 기다립니다.

쓴 글을 바꿔서 읽고 또 아래에 답글을 씁니다. 첫 글 쓰기, 그 글을 읽기, 답글 쓰기, 답글을 읽기, 답글에 답글 쓰기를 하다 보면 생각보다 시간이 많이 흐릅니다. 시간이 흐르는 사이 싸울 때 흥분은 온데간데없이 사라지고 평온을 되찾습니다. 싸울 때 흥분은 없고 보통 때 마음이 됩니다.

둘째, 제 하고픈(억울한) 말을 글로 다 썼습니다.

학생들 싸움에서 친구에게 욕을 하거나 때린 데에는 다 까닭이 있습니다. 아무 까닭도 없이 욕하거나 때리는 경우는 극히 드뭅니다. 그러니 억울하기까지 합니다. 이런 말을 글로 다 썼습니다. 싸운 까닭을 다 드러내었고, 억울한 마음도 다 썼습니다. 글로 하고픈 말을 다 하니 속이 시원합니다. 억울한 이야기를 다 하고 나니 속이 후련합니다.

셋째, 상대 마음을 헤아렸습니다.

싸움에는 늘 상대가 있습니다. 싸운 학생들 말을 들으면 모두가 자기만 억울하고 피해자라 합니다. 서로 내 말만 하지 상대 말을 귀담아 듣지 않습니다. 그런데 글로 싸우다 보면 상대 이야기를 읽을 수밖에 없습니다. 상대 글을 천천히 읽고 답글을 써 갑니다. 첫 글을 읽을 때는 이해가 안 되던 상대 마음도 한두 번 바꿔서 읽고 쓰니 조금 헤아릴 수 있습니다.

바른 글씨로 써 오세요

학생에게 바른 글씨로 글을 써 오라 시킬 때가 있습니다. 보통 잘못을 여러 번 되풀이하는 학생에게 이렇게 합니다. 잘못한 상황을 바른 글씨로 쓰게 합니다. 바르게 천천히 쓰며 자기 모습을 돌아보았으면 해서입니다. 친한 친구끼리 잦은 마찰이 있을 때도 글씨를 바르게 쓰게 합니다. 이런 싸움은 감정보다는 싸움을 장난처럼 하는 것이기에 벌로 바른 글씨로 쓰게 하는 것입니다.

💡 화를 풀어 주는 글쓰기

연구실에 가니 신규 선생님이 학생 한 명과 있습니다. 수업 시간이 시작됐는데도 흥분한 학생과 같이 있습니다. "선생님, 수업이시죠? 제가 전담수업이니 이 학생과 이야기 나누고 있을게요. 수업하세요." 하고는 그 학생과 둘이 남았습니다. 그 학생에게 종이를 한 장 줬습니다.

"자, 왜 화가 났는지 써 보세요."

친구와 싸워서 화가 났다는 학생은 종이에 친구가 자기를 때렸다고 썼습니다. "어디를 몇 대나 때렸는지 써 보세요." 학생은 종이에 덧붙여서 씁니다. "왜 이런 일이 일어났는지 써 보세요. ○○는 그때 어떻게 했는지도 써 보세요." 학생은 쓰고, 쓴 종이를 영근 샘에게 주면 받아서 읽고 궁금한 것을 다시 덧붙여 쓰게 합니다. 시간이 흐를수록 씩씩거리던 학생 모습은 온데간데없습니다. "혹시 여기에서 ○○는 뭐가 잘못이고, 무엇이 억울할까?" 하고 판단을 물어도 대화가 될 만큼 상황은 바뀌었습니다.

화해하는 글, 이렇게 써요

1. 3월에 '우리 반에서 없어야 할 것'으로 '싸움'을 정하고, 싸움이 일어나면 글로 상담한다고 미리 말합니다.
2. 싸운 학생을 불러 빈 종이를 한 장씩 줍니다.
3. 싸운 내용을 자세하게 쓰게 합니다.
4. 싸운 내용을 쓴 종이를 싸운 학생끼리 바꿔서 읽고 답글을 씁니다.
5. 답글을 주고받으며 사과하면 화해합니다.
6. 문제 행동을 한 학생도 글을 쓰게 하면 마음을 푸는 데 도움을 받게 됩니다.

11장

내가 회장이
된다면

- 공약문 -

"회장이 되지 못해도 지금 말한 공약을 지킬 것인가요?"
후보자들이 질문에 당황한다.
"네, 저는 회장이 되지 않더라도
이 공약을 지킬 것입니다."

회장, 부회장, 반장, 부반장, 학급 대표……. 학급에는 여러 이름으로 학생들이 뽑은 반 대표가 있습니다. 요즘은 학교에 따라서 학생 대표를 두지 않는 곳도 더러 있습니다. 그럼에도 학생자치로 학급회의를 이끌기 위해서 학생 대표는 필요합니다.

학생들과 이야기를 나눕니다. 학급 대표가 무엇을 하는지, 어떤 어린이가 해야 할지 하나하나 따져 봅니다. 학생들은 자기들이 갖고 있던 생각을 마음껏 드러냅니다.

"학급 대표는 무엇을 할까요?"

"학급 회장은 회의를 진행해요."

"학급 부회장은 주말 이야기를 진행해요."

학급마다 학급 대표가 하는 일은 다를 것입니다. 참사랑땀 반에서 학급 대표가 하는 일은 회의 진행입니다. 금요일마다 학급회의를 하는데, 그 회의를 진행합니다. 학급에는 여러 문제가 일어납니다. 문제에 따라 학급회의를 할 때가 있는데, 이런 회의도 학급 회장이 진행합니다. 우리 반 부회장은 회의 때 회장을 돕습니다. 아울러 월요일 아침마다 주말 이야기를 진행합니다.

1학기 학급 대표를 뽑을 때, 학생들에게 '학급 대표가 하는 일'을 물으면 작년 경험으로 말합니다. 이때 우리 반은 이런 일을 해요, 하고 도움말을 합니다. 2학기에는 회장, 부회장이 하는 일을 봤으니 하는 일을 잘 말합니다.

"회장은 전교회의에 참가해야 해요."

학교마다 전교학생자치회가 있습니다. 전교학생자치회에서는 회의(전교회의)를 하거나 자치회 주관 행사를 준비하거나 진행합니다. 이때 학급 회장이 학급 대표로 참여합니다.

"선생님께 인사도 해야 해요."

전담 선생님이나 교실에 오는 특강 선생님께 인사할 때 보통 학급 회장이 합니다.

"그럼 학급 대표는 어떤 행동을 해야 할까요?"

"비속어나 욕을 하지 않아요."

학급 회장은 비속어나 욕을 하지 않고 바른 말과 바른 행동을 해야 한다 합니다.

"친구 말을 잘 들어줘야 해요."

친구 말을 잘 들어준다는 건 참 중요합니다. 학생뿐만 아니라 어른들도 내 말하기 바쁜 사람이 많습니다. 그런데 토론 관련 책을 보면, '사람들은 말 잘하는 사람보다 내 말을 잘 들어주는 사람을 좋아하게 된다'고 합니다. 친구 이야기를 귀담아 듣는다는 건 무엇을 하건 가장 바탕입니다.

"힘든 친구를 잘 도와줘야 해요."

학급에서 살다 보면 잘하는 것과 못하는 것이 다 다릅니다. 학생마다 다

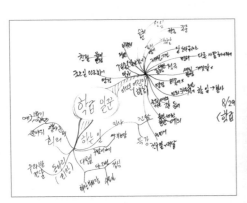 

다릅니다. 내가 잘 모르거나 잘 못하는 것은 도와 달라고 말할 수 있어야 합니다. 내가 잘하는 것은 뽐내기보다 도울 수 있어야 합니다. 내가 할 수 있는 것은 나누고, 내가 잘 못하는 것은 언제든 도움을 받아야 합니다. 학급 회장을 하겠다는 학생이면 더 그렇습니다.

그밖에도 여러 의견이 나옵니다. 학생 하나하나의 머릿속에는 임원에게 바라는 모습이 분명하게 있습니다. 이런 모습을 구체화하고, 이 모습에 부합하는 임원을 뽑도록 합니다.

학생들이 말한 학생 대표의 모습

- 친구 말에 대답을 잘한다.

- 예의가 바르다.

- 자기 할 일을 다 하고 다른 친구를 돕는다.

- 거짓말을 하지 않는다.

- 다른 사람 마음을 헤아린다.

- 책임감이 있어야 한다.

- 다른 사람을 존중해야 한다.

- 성실해야 한다.

- 친구를 배려해야 한다.

- 친절해야 한다.

- 궂은일을 스스로 해야 한다.

- 잘난 척하지 않고 겸손해야 한다.

1

공약,
말을 글로 써 보자

공약이 무엇인지 이야기 나누기

이제껏 학생 대표는 어떻게 뽑았나요? 우리는 학생 대표가 되겠다는 학생이 내세우는 공약을 듣고만 뽑았습니다. 그런데 가만히 따져 보니 학생들에게 공약이 무엇인지 알려 준 적이 없습니다.

"여러분, 학생 대표를 뽑을 때 어떤 절차가 있나요?"

"후보로 신청해야 해요."

"네. 맞아요. 선거하는 날 후보는 무엇을 하죠?"

"공약을 말해요."

"여러분, 공약이 무엇인지 아나요?"

"회장이 되면 이렇게 하겠다는 약속이잖아요."

"공약은 왜 하는 것일까요?"

"저를 뽑아 달라고 하는 것이에요."

"그렇죠. 그럼 공약은 나를 뽑아 달라고 하는 것이니, 어떤 내용이어야

할까요?"

"친구들이 좋아할 것으로 해야 해요."

"맞아요. 친구들이 좋아하는 것은 무엇이 있을까요?"

"봉사해야 해요."

"봉사는 어떤 걸 하는 걸까요?"

"학급 친구들이 하지 않는 것을 내가 하는 것이요."

"그런 것에는 뭐가 있을까요?"

"교실에 쓰레기가 있을 때 내가 버린 게 아니라도 줍는 것이요."

"네. 그렇겠네요. 공약에는 이렇게 구체적인 행동을 담아서 말하면 좋겠어요. 봉사하는 회장이 되겠다. '교실에 쓰레기가 있을 때 내가 버린 게 아니라도 줍겠다.'라고 예를 들어 말하는 게 좋을 것 같아요. 회장은 친구들이 좋아하는 것도 해야 하지만, 회장으로서 해야 하는 일도 있을 것 같아요. 무엇이 있을까요?"

"회장은 회의를 잘 진행해야 해요."

"네. 맞아요. 앞서 우리는 회장이 하는 일을 살폈어요. 그걸 참고해서 회장이 하는 일도 공약에 담으면 좋겠어요."

학급 회장이 되면 친구들이 좋아하는 것만 해서는 안 됩니다. 회장으로서 해야 하는 일도 있습니다. 공약에는 회장으로서 해야 하는 일도 담으면 좋습니다.

"여러분, 공약을 내세울 때 꼭 따져야 하는 게 있어요. 약속이니까 어떻게 해야 하죠?"

"공약을 했으면 지켜야 해요."

"맞아요. 선생님이 보기를 줄게요. 지킬 수 있는 공약인지 지킬 수 없는 공약인지 구분해 보세요. '나는 회장이 되면 교실 청소를 날마다 혼자서 할 거야.' 한다면 이건 지킬 수 있는 것일까요?"

"그건 지킬 수 없는 공약인 것 같아요."

"맞아요. 그럼 '나는 회장이 되면 청소를 못하는 학생이 있을 때 도와줄 거야.' 한다면 이건 지킬 수 있는 것일까요?"

"네. 그건 지킬 수 있을 것 같아요."

"그래요. 이렇듯 공약은 지킬 수 있는 것으로 친구들 마음을 흔들어야 해요."

공약은 내가 학급 임원이 되면 지키겠다는 약속입니다. 약속은 지켜야 합니다. 지키기 위해서는 지킬 수 있는 약속이어야 합니다.

"회장이 되고 싶은 마음은 후보라면 다 같을 거예요. 그럼에도 하면 안 되는 게 있어요. 예를 들어 볼게요. 회장이 되기 위해 친구들에게 떡볶이를 사 준다고 약속했어요. 이건 될까요?"

"안 돼요."

"왜 안 될까요?"

"그건 떡볶이로 친구를 사는 것이라서 안 돼요."

"네. 맞아요. 이런 걸 선거에서는 부정행위라 해요."

선거 전에 친구들에게 먹을 것을 사 주거나, 선거를 마치고서 무엇을 사 주겠다고 하는 것은 하면 안 됩니다. 공정한 선거가 되기 위해서는 이것 또한 알아야 합니다.

공약, 왜 글로 써 봐야 할까?

학생들은 흔히 머릿속 관념으로 말합니다. 관념은 다른 사람에게 그럴 듯해 보이지만 구체 행동으로 드러나지 않습니다. 그래서 공약을 글로 풀어 볼 필요가 있습니다. 공약을 글로 써 보며 구체 행동으로 드러낼 수 있도록 도와야 합니다.

영근 샘의 글쓰기 수업

"임원 선거하는 날 공약을 발표해요. 공약은 말로 하지만, 먼저 글로 써서 준비해요. 우리 오늘 공약을 써 봐요. 내가 학급 회장이 된다면 어떻게 할 것인지 써 보도록 할게요. 실제 임원 후보로 나가지 않더라도 공약을 써 보면, 선거에 나온 후보들이 내세우는 공약을 들을 때 내가 생각한 공약과 견주며 들을 수 있어요. 당연히 후보로 나올 사람은 지금 쓴 것을 그대로 쓰거나 조금 다듬어서 하면 되겠죠? 임원 선거에서 공약은 1분 이내로 해요. 그러니 우리도 시간으로 따지면 30초에서 1분 정도로 쓰면 좋겠어요."

학생들은 '내가 학급 대표가 된다'는 생각으로 글을 씁니다. '학급 대표가 되면 해 보고 싶은 것'을 생각하며 글을 씁니다. 이제껏 학급 대표는 나와 상관이 없는 것으로 생각했던 학생들에게는 조금은 낯선 시간이지만, 글을 쓰며 '학급 대표라면 해야 할 일'을 생각합니다. 생각이 잘 나지 않을 때는 칠판에 써 둔 우리 이야기를 참고합니다.

유권자의 마음을 움직이기 위해 쓰는 글이니 만큼, 자칫하다가 과장되고 허황되어 실천하기 어려운 공약을 담는 경우도 있습니다. 자기도 모르게 좋지 않은 내용을 담을 수도 있습니다. 이 부분들은 먼저 아이들과 이야기하며 알게 하면 글을 쓸 때에 커다란 도움이 됩니다.

공약문이란 자신이 임원이 되어 학급(또는 학교)을 위해 어떤 일을 하고자 함을 드러내는 글입니다. 따라서 공약을 듣는 유권자의 마음을 움직이는 글이 되어야 합니다. 유권자의 마음을 움직이기 위해서는 온 마음을 다해 학급(또는 학교)에 봉사하겠다는 감동과 실질적으로 어떠한 일을 하겠다는 구체적인 내용을 적으면 좋습니다.

공약문 쓸 때 도움말

1. 자신이 이 학급(또는 학교)을 위해 최선을 다하겠다는, 진솔하고 솔직한 의지와 마음을 표현해 유권자의 마음을 움직입니다.

2. 할 수 있는 일이 무엇인지 명확하게 쓰고, 이 일이 평소 학급(또는 학교) 친구들의 어떠한 불편한 점을 개선시켜 줄 것인지, 혹은 생각하지 않은 어떤 편리한 점을 제공할 수 있을지 설득력 있게 씁니다.

도움-1. 모두가 씁니다. 공약문 쓰기는 국어과의 글쓰기 활동입니다. 그러니 학급 임원에 나갈 학생들만 쓰지 않고 모두가 함께 씁니다.

도움-2. 텔레비전 화면으로 시계를 보여 줍니다. 시간을 보며 자기가 쓴 글이 어느 정도 길이인지 가늠하게 합니다. 그렇지만 시간을 정확하게 맞추라는 말은 하지 않습니다.

도움-3. 쓴 글을 검토해 봅니다. 일찍 쓴 친구에게는 "다른 사람이 쓰는 동안 쓴 글을 읽고 또 읽으며 하고픈 말을 다 담았는지 보세요."라며 자연스럽게 검토를 유도합니다.

제가 학급 회장이 된다면 이 세 가지 공약을 꼭 지키겠습니다. 첫 번째로 겸손한 회장이 되겠습니다. 아무리 기분이 좋거나 일이 잘 풀려도 그것을 자랑하지 않는 겸손한 회장이 되겠습니다. 두 번째로 책임감 있는 회장이 되겠습니다. 무슨 일이 생기면 남 탓, 핑계를 대지 않는 책임감 있는 회장이 되겠습니다. 마지막으로 성실한 회장이 되겠습니다. 성실하게 자기 할 일을 하며 봉사하는 그런 성실한 회장이 되겠습니다. 제가 학급 회장이 되어야 한다고 생각하신다면 소중한 한 표 저에게 행사해 주십시오. 지금까지 ○○○였습니다. 감사합니다. (참사랑땀 5학년 학생)

나는 학급 대표가 되면 우리 반을 위해서 수학을 어려워하는 친구를 도와주겠습니다. 나는 우리 반을 위해 청소를 더 깨끗하게 하겠습니다. 우리 반을 위해 바른 자세가 어려운 친구들을 도와주겠습니다. (참사랑땀 3학년 학생)

공약 토론회를
열어 보자

공약 토론회 준비하기

글을 쓰는 건 마음에 새기는 것입니다. 조금 더 마음에 남으려면 쓴 글을 말해 보는 게 큰 도움이 됩니다. 모든 것을 그렇게 하지는 않지만 말하기 전에 글을 쓰고, 글을 썼으면 말하는 것이 참사랑땀 반 공부 방법입니다.

"여러분이 쓴 공약을 말하는 시간을 가질게요. 누구와 하고 싶나요?"

"○○요." 하며 친한 친구 이름을 부릅니다.

"네. 그럼 그렇게 할게요. 짝과 서로 이야기 나눠세요. 그러고는 조금 낯설더라도 추첨으로 만난 친구와도 이야기 나눌게요. 모두 두 번 공약을 말해 볼 거예요. 책상과 의자를 조금 돌려서 짝과 마주 보세요."

책상과 의자를 토론 모양(어떤 친구는 의자만 짝에게로 돌리고, 어떤 친구는 책상까지 짝에게로 돌립니다. 책상 하나에 둘이 마주 보는 모양새입니다.)으로 합니다. 짝과 열심히 이야기를 나눕니다. 충분히 이야기 나눴다 싶으면 다시 말을 합니다.

"자, 모두 일어나세요. 공약과 필기도구를 가지고 나가도록 하세요."

영근 샘의 글쓰기 수업

모두 일어나 밖으로 나갑니다. 손에는 공약문을 들고 있습니다.

"자, 컴퓨터 뽑기 프로그램으로 한 사람씩 뽑을게요. 뽑힌 사람은 함께 이야기 나눌 사람을 고르세요. 친한 친구랑 함께해도 좋고 아직 잘 모르지만 저 친구와 하면 재미있겠다 싶은 사람도 좋아요. 다만, 먼저 나온 사람이 누군가를 뽑으면 무조건 따라야 해요."

아이들은 누가 뽑힐지 설레는 표정입니다. 금세 놀이로 바뀐 글쓰기 수업입니다. 컴퓨터 뽑기 프로그램을 텔레비전 화면으로 띄웁니다. 한 아이씩 뽑힐 때마다 그 아이는 친구 이름을 부릅니다. 대부분 친한 친구 이름입니다. 교실 둘레로 서서는 벌써 눈을 맞췄나 봅니다.

공약 토론회 하기

"자, 지금부터 토론회를 할게요. 짝 토론과 비슷해요. 그런데 토론은 찬성과 반대가 있어야지만 우리는 찬성과 반대가 없으니까, 운동장 쪽이 먼저 자기 공약을 말할게요. 공약을 마치는 대로 질문하도록 하세요. 공약과 질문 시간을 보태서 2분을 갖도록 할게요. 2분 공약과 질문을 마치면 복도 쪽이 공약을 말하고 질문과 대답 시간을 갖도록 합니다."

텔레비전으로 시계를 켜고 시작합니다. 공약을 모두 썼고, 상대가 함께 하고픈 친구이니 모두가 함께합니다. 치열하게 하는 아이들도 있고, 서로 볼을 만지며 장난을 치는 아이들도 있습니다. 이렇게 자기 생각(글로 썼지만)을 나누는 모습이 보기 좋습니다.

"상대방 공약에서 이걸 다듬

으면 좋겠다는 의견을 주도록 하세요."

상대방이 내세운 공약을 손으로 짚어 가며 말하는 아이, 모든 게 다 좋다는 눈빛만 보내며 웃는 아이도 있습니다.

"자, 인사 나누세요."

그러고는 모두가 자기 자리로 돌아갑니다.

"오후에 학급 일꾼을 뽑도록 할게요. 후보자 토론회를 하고 투표를 할거예요."

공약 토론회는 그냥 열 수도 있지만 아이들과 함께 공약문을 써본 뒤에 여는 것이 좋습니다. 모두가 후보자가 되어 공약을 내세우고, 상대는 유권자가 되어 공약을 하나하나 살핍니다. 짝과 하는 토론회지만 참여하는 태도가 좋습니다. 후보자는 공약문을 써 보며 자신의 생각을 다시 한번 갈무리하여 표현할 수 있습니다. 또 그 생각에 알맞은 근거를 올바로 댈 수 있게 됩니다. 학생들은 자신이 생각하는 임원의 역할을 분명히 할 수 있고, 이 기준에 따라 후보자 토론회에서 후보를 평가할 수 있습니다.

학급 학생자치회 후보자 토론회

자리 만들기

칠판 쪽에 책상을 놓습니다. 유권자(학생)들 방향으로 옆으로 두고, 선거관리위원회 학생이 한곳에 앉고 나머지는 후보자가 앉습니다. 선관위 학생은 희망하는 학생이 맡습니다.

영근 샘의 글쓰기 수업

기호 정하기

후보자 기호는 미리 정하거나 토론회에서 정할 수 있습니다. 종이에 번호를 써서 접어 선관위 학생이 가지고 있으면 후보자들이 한 장씩 고릅니다. 뽑은 번호대로 자리에 앉습니다.

토론회

토론회 차례는 공약 발표-후보자 상호 질의-유권자 질의-마지막 주장으로 합니다.

선관위 학생이 토론회 진행 안내 종이를 보며 천천히 읽습니다. 후보자 상호 질의, 유권자 질의가 있다고 미리 알립니다.

1) 공약 발표

후보자들은 자기 공약을 발표합니다. 듣는 후보자나 유권자는 질문을 생각하며 듣습니다.

2) 후보자 상호 질의

한 명씩 돌아가며 다른 후보에게 묻습니다. 질문을 마치면 "이상 질문을 마칩니다." 하고 말합니다. 모두에게 질문할 기회를 줍니다.

3) 유권자가 묻고 후보자가 대답하기

유권자인 일반 학생들이 질문하는 시간입니다. 학생들 참여로 무척 흥미롭고 긴장이 되는 시간입니다. 유권자 질문에 후보자들이 당황하기까지 합니다. 유권자 권리를 경험하는 시간입니다.

4) 마지막 주장

후보자가 마지막으로 자기를 뽑아 달라고 말합니다. 열심히 할 테니 뽑이 달라 합니다. 모두가 같이 손뼉을 치며 마칩니다.

토론회로 학급 임원을 선출해 보니, 훨씬 신중하게 뽑을 수 있고 훨씬 더 긴장되었다. (참사랑땀 4학년 학생)

토론회를 보고나서 내 마음이 바뀌었다. 왜냐하면 공약이 자세하기 때문이다. 회장은 역시 자신감과 책임감이 있어야 한다는 생각이 들었다. 내가 그 후보를 뽑은 까닭은 공약이 자세하고 실천할 수 있기 때문이다. (참사랑땀 5학년 학생)

💡 같은 과정, 다른 결과

2학기 학급 학생자치회 후보자 토론회를 합니다. 남학생만 셋 나왔습니다. 묻고 답하는 시간이 치열합니다. △△가 내세운 공약에 다른 학생들이 관심을 보입니다. **도 주장을 아주 잘 폅니다. 그러나 결과는 ○○가 이겼습니다. 토론회에서 △△가 잘했는데도 말입니다. 이상한 것 같지만 예상한 결과입니다.

2학기 선거는 변수가 적습니다. 지금까지 지낸 모습으로 결과가 나올 때가 많습니다. 세 후보자들 중 보통 때 친구들이 인정하는 학생은 ○○입니다. 만약 셋이 사는 모습이 비슷했다면, 토론이 큰 몫을 했을 것입니다. 그런데 이번 토론회에서는 ○○에 견줘 나머지 둘이 보통 때 사는 모습이 약했습니다.

1학기는 조금 다를 수 있습니다. 서로가 잘 모를 때라 토론회로 결정날 때가 많습니다. 그렇지만 2학기는 조금 다릅니다. 토론회는 즐겁기도 하고 치열하게도 흐르지만, 결국은 내 마음이 가 있던 후보에게 투표합니다. 결국은 '삶'입니다.

그럼 토론회는 필요 없는 것일까요? 그렇지 않습니다. 토론회 과정에서 후보들이 내세웠던 공약은 유권자(일반 학생)들의 질문으로 치열하게 이야기 나누며 어떻게 할 것인지 자세하게 다듬어졌습니다. 그리고 꼭 지키겠다고 몇 번이나 약속했습니다. 선거를 마치고 당선자에게 바라는 것을 말해 달라고 하니, 공약한 것을 잘 지켜 달라고 합니다. 당선된 학생도 공약을 꼭 지키겠다고 다시 한번 약속합니다. 토론회 과정에서 일어난 성장은 매우 큽니다. 경쟁하고 검증받는 과정에서 후보들도 성장하고, 질문하고 답변을 들으며 따져 본 유권자 학생들도 성장합니다.

공약문, 이렇게 써요

1. '학급 임원이 하는 일'이 무엇인지 이야기 나눕니다.

2. '학급 임원으로 어울리는 어린이'는 어떤 행동을 하는 어린이인지 이야기 나눕니다.

3. 모두가 '내가 학급 임원이 된다면'으로 공약문을 씁니다.

4. 쓴 글로 짝과 둘이 공약 토론회로 발표하고 질문합니다.

5. 학급 학생자치회에 임원이 되고 싶은 학생은 선관위에 등록합니다.

6. 후보자 토론회(공약-상호 질의-유권자 질의-마지막 주장)를 엽니다.

12장

시 쓰기

- 감동을 담은 글 -

"시 쓰기 지도가 제일 어려운 것 같아요."

"뭐가 어려우세요?"

"시 쓰기 지도를 어떻게 할지 모르겠어요."

시 쓰기 지도는 많은 선생님들이 어려워합니다. 다른 선생님들이 어렵게 생각하는 것은 영근 샘도 마찬가지로 어렵습니다. 어쩌면 선생 준비가 덜된 처지라 더 어려웠을 수 있습니다. 그럼에도 글쓰기회에서 시와 관련한 책을 읽고 시를 공부하고 학생들에게 시를 지도합니다.

시 쓰기 지도에서는 '어떤 시를 좋은 시로 볼 것인가' 하는 교사 생각이 가장 중요한 것 같습니다. 물론 교과서에 있는 그대로 지도한다면야 이런 고민이 필요할까 싶지만, 학생이 시를 자주 느끼고 맛보고 직접 쓰게까지 하려면 꼭 필요한 고민이라 생각합니다. 영근 샘은 삶을 고스란히 담은 시, 감동을 담은 시, 하고픈 말을 '톡' 토해 내듯 담아낸 시를 좋은 시라 생각합니다. 이런 생각을 바탕으로 참사랑땀 반에서 시를 쓴 이야기를 하려 합니다.

시 쓰기 지도를 하고 있다. 달마다 지도한 시를 글로 써 서울경기글쓰기회에서 이야기 나눌 수 있을까, 하는 생각이 든다. 힘들지만 나에게 모자란 것을 채워 가는 과정이니 해 보자. 정말 자신 없던 시 쓰기를 벌써 두 달 넘게 하고 있지 않은가?

오늘 안양으로 전학 간 상운이가 와서 하는 첫 말이 '시'다. "그곳에 시화를 전시했는데 정말 시가 유치한 것 있죠. 완전히 유치원 아이들이 쓴 시

영근 샘의 글쓰기 수업

같아요." 한다. 이렇게 말하는 상운이가 시를 조금이라도 느낀 것인지 모르겠다. 내 삶을 글로 그것도 짧게 토해 내듯 쓰자고 말한 것이 남았을까. 머리로 쥐어짜 낸 글짓기가 아닌 내가 겪고 내가 느끼고 내가 본 것을 그대로 살리는 시(글) 쓰기를. – 영근 샘 일기(2005년 11월 2일)

처음 학생들과 시를 쓸 무렵 제 일기를 다시 읽으니 자신 없어 하는 영근 샘 모습이 보입니다. 이 자신 없음은 아직도 그대로 있습니다. 그때 6학년 학생들과 시를 썼습니다. 함께 살다가 전학 간 상운이가 학교에 오더니 시 이야기를 합니다. 새로 간 학교에서 이야깃거리가 많을 텐데 굳이 시를 이야기한 것을 보면 시를 많이 쓰긴 했나 봅니다. 우리가 함께 쓴 시가 좋았다고 말하고픈 것을 전학 간 학교에 전시한 시가 유치하다 합니다.

은비가 영근 샘으로 시를 썼습니다. 영근 샘이 좋아 보인다고 쓴 시입니다. 물론 다른 학생들이 쓴 영근 샘 시에서는 화를 많이 낸다, 잔소리를 한다는 것도 많았습니다. 그럼에도 이 시를 보며 드는 생각이 있었습니다.

웃는 영근 샘

– 참사랑땀 6학년 고은비

오늘 시 쓰기를 했다.
친구들이 쓴 시를 읽어 보시는 선생님
옆에서 보니 슬쩍 웃으시는 영근 샘
좋아 보이신다.
나보다 순수하시네.

이 시에서는 영근 샘이 시를 읽어 주는데 웃었다고 순수하다며 좋아 보인
다고 합니다. 이 시를 읽으며 '학생들에게 정말 주고 싶은 것이 있다면, 그것을
주면서 선생님이 좋아하는 모습, 정성을 쏟는 모습을 보여야겠구나.' 하는 생각
을 했습니다. 시를 잘 모르고, 시 쓰기 지도에 자신이 없더라도 학생들과 함께
하고 싶다면, 정성껏 함께하며 같이 배우면 되겠다 싶었습니다.

영근 샘의 글쓰기 수업

1

시 수업 첫날

시 수업 첫날입니다. 먼저 시를 두 편 들려주었습니다. 이호철 선생님의 《살아 있는 글쓰기》(보리)에 있는 '좋은 시'와 '좋지 않은 시' 두 개를 들려주며 느낌을 말해 보도록 했습니다.

[1] 할머니
– 4학년 남

이리 봐도 주름살
저리 봐도 주름살
수많은 주름살
어디서 왔을까?

알쏭달쏭 모르겠네

이리 봐도 흰머리

저리 봐도 흰머리

수많은 흰머리

어디서 왔을까

알쏭달쏭 궁금하네

[2] 할머니의 아픔

- 울진 온정초등학교 4학년 김병훈

할머니가 아침부터

배와 다리와 골이 아프다 해서

약을 사 먹었다.

오줌을 누니 설사똥이 나왔다.

할머니가

죽을라면 지금 죽어라

왜 안 죽노 해서

너무나 불쌍했다.

할머니를 따라가 보니

물을 먹어 대었다.

물을 먹지 마라 하니

물을 먹어야 죽지 했다.

나는 할머니를 방으로 모셔 오면서 눈물이 그렁그렁 났다.

영근 샘의 글쓰기 수업

- 학생(1) : [1]시는 많이 보던 시라서 특이하게 느껴지진 않는다. 그리고 시가 딱딱 끊어지는 것 같다. [2]시는 짧지만 이야기 같은 느낌이 들어서 좀 특이하고 재미있다.
- 학생(2) : [1]은 평범하고 원래 우리가 쓰고 있던 시인데, [2]는 일기 쓰듯이 상대방에게 말하듯이 힘든 것을 그대로 나타내었다.
- 학생(3) : [1]은 왠지 억지로 지어내서 쓰려고 하는 것 같은 느낌을 받았고, [2]는 실제 있었던 것같이 그 장면이 상상된다.
- 학생(4) : [1]은 왠지 호기심이 가득 차 있으며 시의 어떤 특징을 살리면서 쓴 시 같고, [2]는 할머니를 많이 걱정하면서 일상생활에 있었던 할머니가 한 말인 것 같은 푸근한 느낌을 준다.
- 학생(5) : [1]시는 반복되는 말로 리듬감이 느껴지고 할머니에 대한 공통적인 느낌인데, [2]시는 제목처럼 할머니의 아픔이 느껴진다.
- 학생(6) : [1]은 시 자체가 딱딱한 느낌이며 뭐랄까 네모난 칸 속에 갇혀서 지은 시 같고 자유롭다는 느낌을 받기 힘들다. [2]시는 자유롭게 현실에서 내가 보고 느끼고 있는 그 느낌 자체를 꾸밈없이 적었고 이 시의 내용은 슬프다고 할까? 안타깝다고 느껴지지만 또한 안정적인 느낌도 와닿고 일기 같이 포근하고 편안한 느낌이다.

시를 읽으며 든 학생들 생각이 비슷합니다. 첫 번째 시는 늘 보던 시라 합니다. 두 번째 시는 이야기 같다 합니다. 첫 번째 시는 마음에 와닿는 게 크지 않은데, 두 번째 시는 재미있고, 장면이 떠오르며, 아픔까지 느낍니다.

학생들에게 어느 것이 좋은 시이고 좋지 않은 시인지 말해 주지 않고, '시란 무엇일까' 이야기를 나눠 보았습니다.

학생들이 생각하는 시란?

- 다른 방법으로 나타낼 수 있는 것
- 짧으면서도 강한 느낌을 주는 것
- 말하기 힘들었던 마음을 표현하는 것
- 꾸밈이 없는 글
- 과장이 많은 글
- 내 생각대로 아무렇게나 쓸 수 있는 것
- 행과 연으로 되어 있는 글
- 누구나 쓸 수 있는 글
- 비유하여 나타낼 수 있는 것

"그럼, 좋은 시란 어떤 시를 말하는 걸까?"

학생들이 조금 망설입니다. 그러나 크게 어려워하지 않고 말합니다.

학생들이 생각하는 좋은 시란?

- 꾸밈이 없는 시와 과장되지 않은 글
- 생생한 시
- 마음에 와닿는 글
- 편안해야 한다
- 나쁜 말이 없어야 한다
- 감동이 있어야 한다

학생들과 이야기를 나눈 후 이호철 선생님 책에 실려 있는 '좋은 시'와 '좋지 않은 시'를 살펴보았습니다.

좋은 시

- 술술 잘 넘어가고 앞뒤가 이어진다
- 감동이 느껴진다
- 내가 하고 싶은 말을 '톡!' 토해 내는 시
- 나만의 시
- 편안하고 마음에 와닿는 시
- 꾸밈과 과장이 많지 않은 시

좋지 않은 시

- 어디선가 많이 본 듯하다
- 너~무 아름답다
- 매끄럽고 너무 잘 넘어간다
- 어른스럽다
- 꾸밈과 과장이 많은 시
– 이호철,《살아 있는 글쓰기》(보리)에서

"우리도 시를 써 볼게요. 앞서 본 시처럼 내가 하고 싶은 말을 톡 토해 내듯 써 보세요. 우리가 아침마다 쓰는 글똥누기와 크게 다르지 않아요."

공기

– 참사랑땀 6학년 고소라

쉬는 시간에 친구들이 모여
내 주머니에 있는 공기를 꺼내어,
바닥에 철퍼덕 둘러앉아서
공기를 한다.
재빠르게 공깃돌이
하나하나 올라갈 때마다,
공깃돌이 바닥으로 떨어지나,
내 손으로 떨어지나,
마음이 덜컥한다.
공기가 내 손에 들어오면,
덜컥했던 마음이 사라지고
애들 앞에서 나는 어깨를 으쓱한다.

아침

– 참사랑땀 6학년 이경원

우리는 아침에 일어난다.

오늘도 역시나 우리 집은 난리가 난다.

빨리 세수해

빨리 옷 입어

빨리 빵 먹어

그러다 보면

7시 7시 반 8시

아악~ 어떡해. 지각이다

하면서 아빠와 나는

허겁지겁 집을 나간다.

국어 시간에 시 쓰기

국어 수업을 하는데 '들려주는 이야기에 나오는 인물의 마음을 생각하며 시를 써 보라'고 합니다. 인물의 마음을 생각하며 시를 써 보라니 참 어렵습니다. 학생들은 인물이 한 행동과 말을 시로 바꿉니다. 뜻이 통하도록 글을 줄여 시 형식에 맞춰 쓴 것이 시라고 씁니다.

우정

– 6학년 ○○○

옛날 가난한 선비
한 명이 살았다네.
친구 아들 장가간다고
계란 12개와 편지
써서 갔다 주었네.
편지 읽은 친구 감동했나

선비와 술 마시겠다며

나서는 친구 한 명.

두터워진 두 사람의 우정.

꼭 보기 좋게 나란히

앉아 있는 친구들 같네.

진심 어린 선물

- 6학년 △△△

달걀 하나하나 모아

아들 장가가는 친구에게 보낸다.

선물이 마음에 들지 혹시 마음이

상한 건 아닌지 걱정하면서

조마조마 기다리면 답장을 기다린다.

답장에 고맙다며 술이나 같이 하자는

친구의 답장을 보고 활짝 웃으며

고마워한다.

위의 시 두 편은 인터넷에서 찾은 관련 교과 지도로 쓴 시입니다. '우정' 이든 '진심 어린 선물'이든 책 속 이야기를 줄여 시 형식(행과 연)에 맞게 바 꾼 것에 지나지 않습니다. 글쓴이의 감동이나 생각은 찾아볼 수 없습니다.

교과서에 있는 줄글을 시로 바꾸는 활동은 참 위험합니다. 줄글과 시는 성격이 완전히 다른 글입니다. 줄글은 목적에 따라(겪은 일이면 서사, 설명해야 하면 설명, 생각이나 느낌을 살리려면 감상, 내 주장을 드러내려면 논설) 하고픈 말을 또렷하게 살려 쓰는 글입니다. 그와 달리 시는 내가 보고 겪으며 받은(얻은) 감동을 그대로 쏟아 내는 글입니다.

또 하나, 시를 잘못 생각하고 있습니다. 단지 줄글에서 글자 수 줄이고 행과 연으로 구분하면 그게 시가 된다고 생각하는데, 그렇지 않습니다. 시를 이렇게 지도하면 학생들은 시에 자기 감동을 살려 쓸 수 없습니다.

"우리 지금 들려준 이야기 내용을 그대로 시로 옮기는 것은 하지 말아요. 그것보다는 이 글 주제에 맞는 시를 한 편 써요. 이 글 주제가 뭐죠?"

"친구요." "우정이요."

"그래. 이 글은 친구나 우정이 주제가 되겠죠. 그럼 여러분이 친구나 우정이라는 주제로 시를 써 봐요. 이럴 때는 친구 한 명을 떠올려서 최근에 고마웠던 일이나 감동한 일, 좋았던 일을 생각해 봐요. 그 이야기로 쓰면 됩니다. 자기 일기에 쓴 친구 이야기가 좋은 글감이 되겠죠."

학생들이 열심히 시를 씁니다. 다니면서 학생들이 쓰는 시를 살핍니다. 그런데 형식은 시의 모습을 갖췄지만 감동이 잘 살아나지 않습니다. 하고 픈 말(감동)이 또렷하지 않은데 갑자기 시를 쓰니 이럴 수밖에 없습니다.

내 친구

- ○○○

내가 고민 있을 때 같이 고민해 주고

못 푸는 문제가 있으면 서로 도와 가면서 풀고

영근 샘의 글쓰기 수업

서로가 슬플 때 걱정해 주는

내 친구들

심심할 때 같이 놀아 주고

언제나 내 곁에서 도와주는

친구가 좋다.

'아, 그냥 써 보라니 이런 시가 나오는구나.' 하고 깜짝 놀라 처음으로 다시 돌아갑니다. "자, 친구나 우정을 주제로 시를 쓴다고 할 때, 이렇게 시를 쓸 수 있어요. '친구는 참 고마워. 기쁜 일을 나누면 두 배가 되고, 슬플 때는 아픔이 반이 되지.' 그런데 이렇게 쓴 시는 감동이 없어요. 내 이야기를 써야죠. 시를 하나 소개할게요."

영훈이

– 밀양 상동초등 6학년 김준혁

영훈이

오늘 학교 안 왔다.

영훈이가 걱정돼서

집에 와서

영훈이 집에 전화했다.

"영훈이가? 오늘 학교 왜 안 왔는데?"

"아파서."

"많이 아프나?"

"어."

귀찮게 안 하려고

그만 끊었다.

"이 시에서 준혁이가 영훈이를 걱정하는 마음이 어디에서 드러나죠?"

"전화한 거요."

"또 어디서 드러나요?"

"귀찮게 안 하려고 전화 끊는 것이요."

"이렇게 친구 걱정해서 전화한 이야기도 우리에게 짠한 감동을 줘요. 너무 잘 쓰려고 하지 말고 친구 이야기를 해 봐요."

학생들은 다시 시를 씁니다. 이번에는 자기 경험을 살려 써 봅니다.

재희

– 참사랑땀 6학년 나용수

기타 들며

실내화를 갈아 신는데

기타 때문에 힘들다.

재희가 오고 있었다.

"최재희, 기타 좀 들어 주라."

"그래. 들어 주지. 뭐."

전에 아무 까닭 없이 때린 게 미안했다.

"그래. 재희가 도와준 이야기를 잘 썼네. 이건 지난번에 일기로 썼던 거 아닌가?"

"맞아요."

버스비 천 원

– 참사랑땀 6학년 임요한

버스비를 안 가져왔다.

"진수야, 돈 천 원 좀 빌려줘."

"알았어. 이거 안 갚아도 돼."

다른 친구들 같았으면

안 빌려주었을 것인데.

버스 타고 가는 길

진수가 정말 고맙다.

친구 정민희

– 참사랑땀 6학년 문서영

만날 같이 숙제하고 밥 해 먹고 놀던

내 단짝 민희가 이사할 때

눈물이 핑끔 나왔다.

가끔 통화할 때면,

"민희야, 나 서영이."

"어, 서영아."

"거기 재밌어? 나 안 보고 싶어?"

"야, 섭하다. 무슨 말을 그렇게 하냐. 당연히 보고 싶지."

"히히. 나도야. 다음에 초대해!"

통화는 살갑게 하면서도

하나도 안 보고 싶다.

나는 배신자다.

친구

– 참사랑땀 6학년 윤상현

어머니한테 혼나서

책상에 엎드려 있을 때

"상현아, 괜찮아?"

명준이 말에

내 슬픈 마음이 풀렸다.

겪은 일로 쓴 시

시 쓰기를 하면서 어떻게 가르치면 좋을지 언제나 고민입니다.

'좋은 방법은 없을까?'

'정해진 지도 차례는 없을까?'

'어떻게 시를 좋아서 쓰고 잘 쓰게 할 수 있을까?'

여러 선생님의 지도 사례를 찾아 읽어 보지만 정해진 차례는 없습니다. 여러 방법이 나오지만 하나같이 학생들과 사는 모습이 먼저입니다. 영근 샘은 나름 두 가지로 정리합니다.

'좋은 시를 많이 들려준다.'

'자기가 겪은 일을 토해 내듯 쓴다.'

아침 활동 '시로 여는 아침'에 했던 어린이 시에서 겪은 일로 쓴 시를 골라 함께 봅니다. '이슬'과 '우리 어머니'를 함께 보며 이야기 나눕니다. 그리고 겪은 일로 시를 써 봅니다.

이슬

– 안동 대곡분교 3학년 박귀봉

풀잎에 모여서

간들간들 웃고 있네.

말강말강한 기 앉아 있네.

우리 어머니

– 인천 부산 동신초 4학년 김순남

우리 어머니는

날마다 시장에 가십니다.

오늘도 새벽에 나갔습니다.

우리 어머니는 쇳덩어리입니다.

먼저 글감 찾는 것을 이야기합니다.

"글감 고를 때는 너무 오래전에 겪었던 것보다 얼마 되지 않은 것을 찾아보세요. 앞서 쉬는 시간, 아침활동시간, 학교 오는 길, 집에서, 어제 있었던 이야기, 추석에 있었던 일 따위로 여러분이 조금 전 또는 얼마 지나지 않은 일 가운데 글감을 고르세요."

다음으로 고른 글감으로 어떻게 시를 쓸지 이야기합니다.

"글감을 골랐으면 먼저 머릿속으로 생각해 보세요. 떠오르는 생각이나 마음에 들어온 말을 공책에 간단하게 적어 보세요. 그 내용을 중심으로 시를 쓰면 됩니다."

학생들이 시를 씁니다. 연필을 잡고 무엇을 쓸까 망설이는 학생들이 많이 보입니다. 글 쓸 때 이렇게 생각하는 모습이 좋습니다. 생각하지 않고는 시든 글이든 나올 수 없습니다.

"지금 우린 겪은 일을 쓰는 것이니까 시를 바로 쓰는 것이 어려우면 그냥 일기 쓰듯이 편하게 써요. 그것에서 꼭 필요한 말만 살리면 돼요."

시를 다 쓴 학생들이 보입니다. 이젠 글 고치는 것에 대해 이야기 나눕니다.

"시 고치기를 할 때 내가 토해 내고 싶을 만큼 하고 싶은 말을 나타내었는지 보세요. 쓴 시에 필요 없는 말이 들어가진 않았는지 찾아보세요. 그런 것은 빼도 된답니다. 무엇보다 정직하게 썼는지 살펴보세요. 머리로 지어낸 것이 아니라 내가 겪은 이야기를 그대로 잘 살렸는지 살피며 시를 고쳐 보세요."

다 쓴 학생들이 시를 가져옵니다. 긴 시간 이야기를 나누지 못하고 한두

영근 샘의 글쓰기 수업

마디씩 이야기 나눕니다. 학생들 얼굴이 밝습니다. 이게 시가 가진 힘이지 싶습니다. 돌아서 가는 모습도 참 보기 좋습니다.

아침
– 참사랑땀 6학년 엄희영

학원 숙제 다 못 해
6시에 일어났다.

안 올라가는 눈
억지로 찬물을 끼얹는다.

그래도 앞이 뿌옇다.

강낭콩 세 알
– 참사랑땀 6학년 오윤진

일주일 전 까 본
강낭콩 꼬투리.

아예 안 익은 강낭콩
세 알.

"에이 – 이게 뭐야."

"그러게 ~ 에이!"

안 익은 강낭콩 세 알을

왠지 미안해져서 다시 땅에 심었다.

소나기 오는 일주일 후 오늘,

강낭콩에서 싹이 텄다.

강낭콩 세 알의 싹이 텄다.

싹이 튼 강낭콩 세 알에게

괜스레 고마워진다.

시로 여는 아침

우리 반은 주에 한 번 아침에 모두가 함께 시를 쓰고 낭송합니다. '시로 여는 아침'을 하는 날, 함께 맛볼 시를 칠판에 씁니다. 이때 시는 동시(어른들이 어린이에게 주려고 쓴 시)가 아니라 어린이 시(어린이가 쓴 시)를 주로 합니다. 학생들은 칠판에 써 있는 시를 종합장이나 스케치북에 그대로 옮겨 씁니다. 시에 맞게 정성껏 꾸미기도 합니다. 함께 시를 낭송하며 이런저런 이야기를 나누거나 관련 활동을 합니다.

나들이하며 바로 쓴 시

시월 마지막 날, 시월이 가는 것을 아쉬워하듯 아침부터 날씨가 끄무레한 게 비가 올 것 같습니다. 그래서 바깥에 나갈 틈을 살핍니다. 멀리 가지 않고 운동장으로 나갑니다.

"자, 우리 나가자. 시 쓰기 공책 들어요."

"여기 봐. 꽃이 가득 있지? 혹시 이게 뭔지 아는 사람?"

학교 이곳저곳에 피어 있는 국화를 보고 물었습니다. 아는 학생이 거의 없습니다. 갈수록 자연에서 멀어지는 우리 학생들이라 안타까운 마음이 듭니다. 참사랑땀 반이 자연에서 많이 노는 까닭입니다. 물론 꽃 이름 모른다고 자연에서 노는 게 헛것이라 여기지는 않습니다.

"이건 국화야. 꽃 냄새를 맡아 보고, 잘 살펴봐요."

학생들이 냄새를 맡으며, "우웩, 똥 냄새." 합니다. 학생들은 그 냄새가 아직 익숙하지 않나 봅니다. 똥 냄새니 구린내니 하며 싫어하는 표정이 더러 보입니다. 반면, 국화 앞에 서서 꽃에 앉은 벌을 보고, 국화 모습을 살피려 고개를 숙이고, 냄새를 맡으려 코를 파묻는 학생들도 있습니다. 어떤 시가 나올지 궁금하기도 하지만, 이렇게 정성껏 살피고 냄새 맡는 모습만으로도 나온 보람은 찾은 것 같습니다.

국화

– 참사랑땀 6학년 김민석

학교에서 국화를 봤다.

국화를 보는데 갑자기 비가 왔다.

노오란 국화가 비를 기다렸나 보다

국화가 비를 좋아하나 보다

비도 국화를 좋아하면 좋겠다.

국화꽃잎

- 참사랑땀 6학년 고은비

작은 국화꽃잎을 세어 보니

하나, 둘, 셋,··· 서른, ··· 마흔

너무 많다.

그 작은 것들이 모여서

예쁘게 만드니

신기하다.

학생들이 쉽게 씁니다. 그 자리에서 바로 쓰고 보여 주니 제대로 다듬기 지도를 할 겨를이 없습니다. 국화로 시를 쓴 학생들에게 바람, 가을 하늘 같은 것도 유심히 살피도록 했습니다. 마음에 가득 차는 게 있으면 시로 써 보게 합니다. 마침 비도 한두 방울 떨어집니다. 비 맞은 이야기도 시로 남깁니다. 받은 감흥을 살려 썼습니다.

장미

- 참사랑땀 6학년 조준식

운동장 근처를 돌다가
장미를 봤다.
여름에는
많이 피어 있던 장미가
가을이 되자
장미가 흩어져 피어 있다.
겨울을 맞이하고 있구나.

빗방울

– 참사랑땀 6학년 박서영

국화를 관찰하고 있는데
빗방울이 하나둘 떨어진다.
점점 많이 떨어진다.
내가 가져온 필통에도 내리고,
국화꽃잎에도 떨어진다.
방금 전까지 말라 보였던
국화잎.
촉촉하게 젖은 것을 보니
시원해 보인다.

시 다듬기

주말에 부모님 모습을 잘 살피고 그 모습을 시로 써 보자고 했습니다. 주말에 해 보는 활동이라 모두가 해 온 것은 아니지만 해 온 학생들 시를 보며 다듬어 봅니다. 그 가운데 현경이 시로 함께 나눈 이야기입니다.

[처음 시] 잔소리
  – 참사랑땀 6학년 김현경

이거 못하면 때리고
저거 못하면 때리고

우리 엄마는 전생의 귀신?

난 내 자유자재로 하고 싶은데
책 안 가져 왔다고 혼나고
학교에서 친구들이랑 좀 놀면 골방 신세.

나도 크면 엄마의
마음을 알 수 있겠지.
정말 크면
나도 잔소리를 하겠지.

일하시면서 잔소리하고

TV 보면서 잔소리하고

일석이조

　쓴 글을 다듬기 위해 이야기 나눌 때는 부담이 있습니다. 학생 마음에 '내가 시(글)를 잘 못 쓰는구나.' 하는 생각이 들거나, '글 쓰고 꾸지람(잔소리) 듣는구나.' 하는 생각이 들면 어쩌나 싶기 때문입니다. 그래서 할 수 있는 한 편안한 목소리로 조심스레 말합니다.

　"어머니가 잔소리하는 모습이네. 속상하겠다. 혹시 '이거, 저거'라 했는데 요즘 그런 적 있니?"

　"네, 있어요."

　"그럼 뭘 말하는 걸까?"

　"공부 안 하거나 TV 볼 때요."

　"때리면 어딜 때려?"

　"그냥 꿀밤 때리거나……."

　"아, 이렇게 톡. '우리 엄마는 전생의 귀신?'이라고 했는데 이건 무슨 말인지 잘 모르겠네."

　"무서워서 귀신이라고 했어요."

　"그렇구나. '나도 크면' 이 부분이 갑자기 나온 것 같다. 이게 뒤로 가면 더 좋을 것 같은데."

　"네."

　이거, 같이 이야기하는 게 아니라 내가 다 고쳐 주고 있는 것은 아닌가 걱정이 되기도 합니다.

　"잔소리를 한다고 했는데 어떤 말씀을 하셔?"

　"공부하라는 말씀을 많이 해요."

"'자유자재'란 말은 우리말로 바꾸는 게 좋겠는데, 무슨 말이 있을까?"

"……."

"'마음대로' 어때?"

"네, 그래요."

이런 이야기를 주고받으니 20분이 금방 지나갑니다. '이게 쉬운 것은 아니구나.' 하는 생각도 듭니다. 그런데 같이 앉아서 이야기를 주고받는 것이 재미있습니다. 현경이가 시를 고쳐 왔습니다. 어떤 시가 더 좋은 시인지는 잘 모르겠지만 현경이와 같이 이야기하며 삶을 나눈 것만으로도 좋았던 시간입니다.

[고친 시] 엄마 무서워요

– 참사랑땀 6학년 김현경

공부 안 하면

"너 공부 좀 해."

TV를 보면

"너 눈 나빠지려고 작정했니? 공부해!"

우리 엄마는 정말 무섭다.

내 마음대로 살고 싶은데 엄마는 왜 그러지?

시도 때도 없이 때리고 엄마 무서워요.

오늘도 하시는 말

"현경아 공부해라."

"치."

"뭐라고?"

"아니, 공부할게."

나도 크면 잔소리를 하겠지?
엄마의 마음을 알 수 있겠지.

시 쓰고 꾸미기

비가 온 다음 날 5학년 학생들과 시를 찾으러 나갔습니다. 학생들마다 시를 한 편 썼습니다. 시를 쓴 학생들은 교실에서 도화지에 곱게 시를 꾸밉니다.

학생들이 쓴 글똥누기는 삶이지만 참 고운 시도 많습니다. 3학년 학생들이 자기가 쓴 글똥누기에서 한 편씩 골라 시로 옮겨 씁니다. 옮겨 쓴 글

똥누기(시)를 곱게 꾸밉니다.

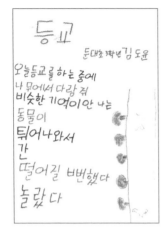

등교

둔대초 3학년 김도윤

오늘 등교를 하는 중에
나 무에서 다람쥐
비슷한 기억이안 나는
동물이
튀어나와서
간
떨어질 뻔했다
놀랐다

<비소리>

둘, 둘, 둘 기억다인
비소리를 듣어
뚝!
뚝!
뚜뚝
소리나며
바닥에
떨어진다
아름다운 비소리

<노란 버스 에부딪힐 뻔한 까치 1마리> 김경배

오늘 학교 오는 길에
까치두마리가
바닥에 서뭘 먹고 있었다
근데 뒤에 버스가 왔다
한마리는 나무위로 날라갔는데
한마지는
뒤꽁지에 맞을뻔 하다가
똑같이 날라갔다

💡 시 쓰기를 하며

시 쓰기를 제대로 한 건 많지 않습니다. 한 해 동안 꾸준하게 시를 쓴 건 6학년과 살 때 두 번 정도입니다. 다른 때에는 바깥나들이 하며 감동을 담아서 글로 써 보게 했습니다. 굳이 시를 쓰자고 하지는 않았습니다. 그렇게 감동을 글로 담기만 해도 시가 나왔습니다.

시 수업을 할 때 가장 힘들었던 건 첫말이었습니다. 무슨 말로 시를 쓰자고 할지가 가장 힘들었습니다. 고민 끝에 한 말은 "시 한번 들어 볼래?"였습니다. 그리고 학생들에게 시를 들려주고 시로 이야기를 나눴습니다. '아, 이게 시야? 내가 쓴 거랑 비슷한데. 나도 쓸 수 있겠다.' 하는 생각이 들었으면 했습니다. 화요일마다 어린이 시를 따라 쓰며 같이 맛보고 이야기 나누기를 계속하는 까닭이기도 합니다.

여기에 보인 사례는 단지 시만 쓰려는 목적으로 한 활동은 아닙니다. 시는 조금 모자라더라도 학생들과 함께한 활동(비 오는 날, 텃밭, 둘레 관찰, 가을 느끼기, 힘듦, 하늘, 낙엽, 빼빼로 데이, 국화, 마음, 부모님, 시험 따위)이 가치가 있었습니다. 앞으로도 우리 학생들이 마음으로 붙잡은 감동을 고스란히 시(글)로 드러내도록 잘 도와야겠습니다.

시, 이렇게 써요

1. '좋은 시'와 '좋지 않은 시'를 읽고 이야기 나눕니다.

> **좋은 시**
>
> - 감동이 느껴진다
>
> - 내가 하고싶은 말을 '톡!' 토해 내는 시
>
> - 편안하고 마음에 와 닿는 시
>
> **좋지 않은 시**
>
> - 어디선가 많이 본 듯하다
>
> - 매끄럽고 너무 잘 넘어간다
>
> - 어른스럽다

2. 좋은 시를 자주 들려줍니다.(참사랑땀 반의 시로 여는 아침)
3. 시를 쓸 때 자기가 하고픈 말(감동)을 토해 내듯 씁니다.

영근 샘의 글쓰기 수업

13장

문집으로
글 담기

"선생님, 문집을 어떻게 만들어야 하나요?"
"처음부터 좋은 문집을 만들려고 하지 마세요.
할 수 있는 만큼 작게, 서툴게, 거칠게 내어 보세요.
그게 시작이에요. 시작이 있으면 그다음 문집은
조금 더 좋아져요. 처음부터 잘 만든 문집보다는
문집 그 자체에 가치를 두는 게 좋아요."

문집을 아직 만들어 본 적이 없다면 정말 추천하고 싶습니다. 선생님마다 학급운영으로 교실에서 하는 활동은 다 다릅니다. 그럼에도 문집은 추천하고 싶습니다. 문집은 학급운영의 꽃이라고 한 말이 딱 맞았습니다. 한 번만 문집을 만들어 보면 영근 샘과 같은 경험을 하리라 확신합니다. 그런데 문집을 만들고 싶어도 만드는 게 만만치 않습니다. 어떻게 만들어야 할지 막막할 것입니다. 그래서 영근 샘이 문집을 만들었던 경험을 나누려 합니다.

영근 샘은 문집을 만들던 첫해를 잊을 수가 없습니다. 학급살이를 컴퓨터 파일로 정리해 CD로 학생들에게 주다가 참사랑땀 반은 6기 때 처음으로 문집을 만들었습니다. 인쇄소에서 택배로 보냈다는데 수업을 다 마쳐가도 문집이 오지 않습니다. 다음 날이 방학인 6학년이었습니다. 전화해 보니 아직 도착하려면 멀었다기에 학생들에게 말하고는 제가 직접 가서 문집을 받아 왔습니다. 다른 반 학생들은 벌써 집에 갔는데도 문집을 받은 우리 반 학생들은 아무도 일어나지 않습니다. 모두가 문집에 푹 빠졌습니다. 컴퓨터 파일을 정리해 CD로 줄 때와 너무나 다른 모습입니다.

이 감동으로 문집을 계속 만들고 있습니다. 엮는 방법, 시기, 모양은 다 달랐습니다. 책으로 엮기도 하고(20기에 32호, 서른두 번째 책), 달마다 학교에서 인쇄해서 호치키스로 찍어서 만들기도 했습니다. 학생들 글과 사진으로 담은 문집이 대부분이지만, 시만 담은 문집, 노래 악보를 담은 문집, 알림장 대신 날

영근 샘의 글쓰기 수업

마다 쓴 제 편지와 학생들 사진으로 엮은 문집도 있습니다.

　문집은 1학년이든 6학년이든 쏙 빠지게 하는 힘이 있습니다. 학교 신문을 받아서 보는 학생들 모습을 떠올려 봅시다. 많은 학교에서 적지 않은 돈을 들여 좋은 종이에 컬러로 된 신문을 만듭니다. 이 신문은 전교생에게 나갑니다. 이 신문을 보는 학생들 반응은 비슷합니다. 가끔 신문을 유심히 보는 학생도 있지만 많은 학생들이 쓱 넘기고는 제대로 보지 않습니다. 어떤 학생은 틀린 글자 찾기 놀이를 합니다. 어떤 학생은 종이가 좋으니 딱지나 비행기로 접어 놀기

에 좋다며 좋아합니다.

　우리 아이들은 좋은 신문을 왜 보지 않을
까요? 아마도 신문에 내 글이 없기 때문일 것
같습니다. 문집은 이와 다릅니다. 좋은 종이가
아닐 수도, 컬러 한 장 없을 수 있습니다. 그럼
에도 문집에는 내 글이 있습니다. 그러니 아이
들은 우리 반 문집에 쏙 빠져듭니다.

영근 샘의 글쓰기 수업

1

문집, 이렇게 만든다

"선생님, 문집 어떻게 만들어야 하나요?" 문집이 좋은 건 알아도 막상 만들려니 어떻게 할지 답답합니다. 영근 샘도 처음 만들 때는 그랬습니다. 그냥 시작하세요, 하고 말씀드리지만 만들려는 처지에서는 그냥 만드는 게 어떤 것인지 답답하기만 합니다. 영근 샘이 문집을 만들며 가진 경험을 이곳에 나눕니다.

문집에 들어가는 것

문집에 무엇을 담을 것인가, 이것부터 생각합니다. 처음 문집을 낼 때 우리 반 문집 꼭지는 열 개를 훌쩍 넘어 열다섯 개 정도였습니다. 온갖 것을 다 담았다 볼 수 있습니다. 그렇게 문집을 엮기 시작해 이제 우리 반 문집도 어느 정도 틀이 잡혔습니다. 읽기, 글똥누기, 사진은 꼭 들어가고 그것에 한두 가지가 더 들어갑니다. 더 들어가는 한두 가지에는 학생들이 하고픈 주제로 학생마다 한 쪽씩 넣기도 하고, 영근 샘 편지를 넣기도 합니다. 학부모 편지를 담기도 합니다.

1. 일기

우리 반은 날마다 일기를 씁니다. 쓴 일기에서 달에 두세 개를 골라 문집에 담습니다. 날마다 학생들이 쓴 일기를 보는데, '이거 문집에 담으면 좋겠다' 하는 일기에는 별표를 해 두거나 '문집' 하고 표시해 둡니다. 물론 그 일기를 문집에 실을지 말지는 학생이 판단합니다. 문집에 실을 자기 일기는 학생이 고르기 때문입니다. 별표나 영근 샘 표시는 참고만 할 뿐 결정은 학생들 몫입니다.

일기는 컴퓨터로 작성해 문집에 담습니다. 양이 많아 손글로 담기는 벅찹니다. 학생들이 고른 일기를 컴퓨터로 담는 건 학년에 따라 조금 다릅니다. 고학년은 학생이 직접 하고, 저학년은 학부모 도움을 받습니다. 학생들과 함께 일기장을 꺼내 문집에 실을 일기를 고릅니다. 어떤 일기를 실을지 고민할 때 제가 도움을 주기도 합니다. 일기를 고르면 고학년은 컴퓨터실에 가서 컴퓨터에서 씁니다. 달마다 하루 한 시간 고른 일기를 컴퓨터실에서 파일로 만듭니다. 학생마다 타자 치는 속도가 달라 빠른 학생들이 서툰 학생들을 돕습니다.

학생이 다 썼다고 영근 샘을 부르면 돌아다니며 컴퓨터에 담긴 일기를 한곳에 모읍니다. 이렇게 달마다 학생들 일기를 모아 둡니다. 저학년은 학부모에게 부탁하는데 달마다 모으지 않고 학기에 한 번 부탁해서 모읍니다. 학부모가 컴퓨터로 할 처지가 안 되면 도우미 학부모를 모시거나 영근 샘이 하기도 합니다.

달마다 고른 일기를 모아 뒀다가 책으로 엮습니다. 책으로 엮을 때 일기를 학생으로 묶거나 날짜 차례로 묶습니다. 날짜로 묶는 것보다는 학생으로 묶는 것이 조금 더 쉽습니다. 학생들이 일기를 하나로 묶었다면 교정을 봅니다. 맞춤법과 띄어쓰기를 다듬습니다. 문장부호도 다듬습니다. 다만 학생들 글에서 입말은 맞춤법에 맞지 않더라도 살려 둡니다. 달마다 문집을 낸다면 학생들과 같이 맞춤법과 띄어쓰기가 잘못된 것을 찾으며 공부하는 것도 좋습니다.

2. 글똥누기

아침마다 쓴 글똥누기를 문집에 싣습니다. 모으는 방법은 날짜별로 쓰는 것과 학생별로 쓰는 것, 이렇게 두 가지 방법이 있습니다.

날짜로 쓸 때는 달마다 글을 모읍니다. 매달 말에 학생들에게 글똥누기에서 두 편씩 고르게 합니다. 날짜별로 한 명씩 앞에 나와서 고른 글똥누기를 문집 틀에 옮겨 씁니다.

문집 틀은 특별하지 않습니다. 한글 파일에 옅은 가로 선이 있는 양식을 만들어 출력해서 씁니다. 쓰는 펜은 플러스 펜으로 합니다. 플러스 펜이 글자가 진하고 또렷합니다. 다만 손가락으로 만지면 번지니 조심하라고 미리 알립니다. 달마다 이렇게 학생들이 직접 쓴 글똥누기를 모아 두거나 달문집에 싣습니다.

글똥누기를 학생별로 묶기도 합니다. 주로 학기나 학년을 마치며 문집을 엮을 때 많이 씁니다. 학생들에게 달마다 두세 개 글똥누기를 고르게 하고는 학생마다 양식 종이를 나눠 줍니다. 학생들은 고른 글똥누기를 날짜 차례로 정성껏 씁니다. 글을 쓸 때는 정성껏 쓰라 하고, 책으로 인쇄하면 양쪽 끝 여백에 쓴 글지기 안 보일 수 있으니 양쪽 끝 여백을 남기고 쓰도록 주의를 줍니다. 학생마다 종이를 한두 장 씁니다. 글똥누기를 다 썼는데도 여백이 생기기 마련입니다. 이때 생긴 여백에는 글똥누기 내용과 관련해 그림을 그리게 합니다.

양식 종이에 쓴 글똥누기를 책으로 엮을 때 이 종이를 인쇄소로 직접 보내 그곳에서 스캔해 문집에 넣을 수 있습니다. 이때 정확한 쪽수를 써 넣기 어려워서 영근 샘은 직접 스캔해 파일에 넣습니다.

경험을 비춰 볼 때 학생들이 쓴 글똥누기는 인기가 많습니다. 교실에 둔 문집은 후배들이 자주 봅니다. 선배들이 쓴 문집을 보는 즐거움이 있습니다. 컴퓨터로 친 일기도 좋아하지만, 많은 학생들이 손글씨로 쓴 글똥누기를 더 좋아합니다. 그 까닭이 무엇인지 가늠할 수 없지만 손글씨가 가진 힘이지 싶습니다.

3. 사진

학급살이로 찍은 사진을 문집에 넣습니다. 우리 반 문집의 특징이기도 합니다. 일기나 글똥누기는 달마다 조금씩 해 둘 수 있지만, 사진은 책으로

영근 샘의 글쓰기 수업

엮을 때 몰아서 할 때가 많습니다. 이 일에 하루를 모두 보낼 만큼 시간이 꽤 걸립니다.

사진을 담을 때 두 가지 방법을 씁니다. 주제별로 담을 때가 있고, 학생별로 담을 때가 있습니다. 두 가지 모두 장단점이 있는데, 둘 모두 하기에는 힘이 부쳐 하나씩 하지만 언젠가는 둘 다 해 보고 싶습니다.

사진을 주제별로 문집에 담기 위해서는 3월부터 꾸준히 활동주제별로 사진을 정리해 둬야 합니다. 사진 편집 프로그램을 이용해서 주제별로 여러 사진을 하나의 그림 파일로 묶습니다. 묶은 파일에는 날짜와 활동주제를 넣기도 합니다. 이렇게 묶은 사진을 문집 파일에 넣습니다. 학생별로 사진을 묶어서 문집에 담을 때는 사진 아홉 장을 하나의 파일로 묶어서 담는데, 이렇게 묶은 사진을 개인 일기에 넣기도 합니다.

문집을 받으면 학생들이 가장 좋아하는 게 사진입니다. 사진을 칼라로 하는 게 좋으나 너무 비싸서 하지 못합니다. 우리 반은 흑백으로 하는데, 요즘은 워낙 기술이 좋아 화질이 괜찮은 편이라 보는 데 지장은 없습니다.

4. 학부모 글

학부모 글은 넣을 때도 있고 넣지 않을 때도 있습니다. 학부모 글은 손글로 넣기도 하고 타자로 쳐서 넣기도 합니다. 어린이날에 받아서 1학기 문집에 넣을 수 있고, 학년을 마치며 하고픈 말을 넣기도 합니다.

학부모 글에 실을 수 있는 내용은 아이에게 쓰는 편지, 영근 샘에게 쓰는 편지, 나에게 쓰는 편지, 참사랑땀 반을 보내며, 그밖에 하고픈 말 등이 있습니다.

5. 영근 샘 글

영근 샘 글은 문집을 다 만들고 마지막에 씁니다. 문집에서도 맨 마지막에 위치합니다. 문집을 다 만들고서 담담하게 편지를 씁니다. 학부모와 학생에게 하고픈 말을 편지 글에 담아 씁니다. 영근 샘이 정말 하고픈 말을 담으려 애씁니다.

학부모님께 마지막으로 드리는 편지

안녕하세요.

지금 시각이 1시 13분입니다. 이 글과 학생들에게 보내는 편지만 쓰면 잠을 자려 합니다. 아직은 정신이 또렷합니다. 다 쓰고 나면 푹 자겠지요.

이번 문집은 이제껏 만든 문집보다 더 힘들었습니다. 많은 사람들이 저에게 부지런하다 말하지만, 정말 게으르고 싶은 사람입니다. 그러니 자꾸만 '올해는 쉴까?', '이거는 뺄까?' 하며 저를 꼬드깁니다. 그래도 용케 잘 이겨내고서 이렇게 마치는 편지를 쓰니 다행입니다.

이번 주에 지나간 제자 둘이 저를 찾아온다고 했습니다. 낯선 번호로 찾아가도 되냐며 자기 이름을 썼는데 한 번에 떠오르지 않습니다. 요즘은 비슷한 이름도 많고, 제가 이름과 얼굴 외우는 것도 잘 못하는지라. 이럴 때 저에게도 해결책이 있습니다. 다름 아니라 그때 만들었던 문집입니다. 학생들이 쓴 글을 읽으면 그 학생 모습이 떠오릅니다. 사진을 보면 더 잘 알 터이고요. 찾아오는 날, 그 문집을 가지고 있으려 합니다. 문집을 보며 이야기 나눌 겁니다.

누구나 지나간 시간은 잊기 마련입니다. 저는 제가 만난 제자들에게 저를 기억하면 좋겠다는 말은 해 보지 않았습니다. 다만, '언제지, 그때 노래 부르고 놀며 재미있었는데.' 했으면 합니다. 그러면 함께 어울려 놀던 친구가 떠오릅니다. 함께 뛰어놀던 곳이 떠오릅니다. 이때 우리 반 문집을 보며 하나하나 읽으며 씩 웃을 수 있습니다.

올해가 좋았다는 말은 학부모 편지로 읽었습니다. 고맙습니다. 그럼에도 참사랑땀 학부모로 사는 게 쉽지만은 않았을 겁니다. 영근 선생 편지에 답글도 써야 하지, 주말과제도 해야 하지, 밴드에 가끔 사진도 올려야 하지, 학생이 부르는 노래도 들어야 하지, 상담도 다 와야 하지, 문집에 실을 글도 써 보내야지. 이 모든 것을 이겨내고 함께해 주셔서 고맙습니다. 그 애씀은 우리 학생들에게 고스란히 남았으리라 믿습니다.

영근 샘 드림

학생들에게 보내는 편지

안녕. 사랑하는 ○○야.

이제 우리 같은 반에서 사는 건 마쳐야 할 때야.

이런 말이 있어.

'만남이 있으면 헤어짐도 있다.'

여러분도 1, 2학년 때 겪어서 잘 알 거야.

헤어지면 또 새로운 만남이 기다려.

여러분이 2학년 선생님과 헤어지고 영근 샘을 만났듯.

참사랑땀 20기로 지낸 한 해, 이런 것을 우리는 했어.

노래, 기타, 영근 신화, 책나래, 옛이야기, 생일, 잔치, 송편, 1박 2일, 아침햇살, 나들이, 숲 체험, 텃밭, 토론, 일기, 글똥누기, 밥친구 따위.

삶이 그래. 남이 아무리 좋다고 해도 나에게 안 맞는 게 있어.

남들은 너무 싫다며 고개 돌리는데 그게 나는 좋을 때도 있어.

우리 반 학급살이도 그랬을 것 같아.

나에게 맞는 것은 오래오래 가져가도 좋을 것 같아.

물론 영근 샘이 늘 말했듯 일기는 귀찮아도 가져가면 정말 좋고.

학급살이를 마치며 부탁이 있어.

우리 반에서, 영근 샘하고 좋았던 건 잘 담아 둬.

언제 힘든 일이 있을 때 꺼내어 생각하면 웃음이 날 수 있으니.

우리 반에서, 영근 샘하고 힘들었던 건 풀고 가.

잊을 수는 없더라도 그대로 가져가지는 않았으면 해.

작든 크든 영근 샘 때문에 힘들었던 일이 있었다면, 미안해.

영근 샘이 제일 좋아하는 말이 뭐였더라?

첫 편지에 썼듯 '사랑해' 하고 말하는 걸 좋아해.

헤어지는 날, "○○야, 정말 사랑해." 하고 말하려 해.

그때 영근 샘에게 다가와 품에 안기면 좋겠어. 폭.

영근 샘

6. 그밖에 들어가는 것

- **목차** : 목차는 문집 맨 앞에 들어갑니다. 우리 반 문집은 학생들마다 일기와 글똥누기가 어디에 있는지 쪽수를 씁니다. 바로 가기 기능인 데, 편집을 모두 마치고 해야 합니다. 한 쪽이라도 바뀌면 쪽수는 모 두 다시 써야 합니다. 목차에 쪽수가 있는 것이 보는 사람 처지에서 훨씬 더 좋습니다.

- **표지** : 표지는 문집의 얼굴입니다. 처음에는 영근 샘이 사진으로 편집해서 하다가, 나중에는 학생들이 직접 그린 것으로 바뀌었습니다. 문집 표지에 도전하고픈 학생이 표지를 내고, 낸 표지에서 골라서 넣습니다. 나온 문집 표지를 칠판에 붙여 두고 학생들이 고르게 합니다. 앞뒤 표지로 뽑히지 못한 표지는 문집 중간 중간 간지로 넣습니다. 문집 끝에 표지를 만든 학생들 이름을 써 주는데 앞뒤 표지가 누구인지 나타내지 않고 문집 표지로 낸 학생들 모두 가나다라 차례로 써 줍니다.

- **쪽수와 가격** : 문집 전체 쪽수는 200쪽에서 300쪽 정도로 나옵니다. 가격은 이 정도면 만 원 안팎입니다. 문집 만드는 돈을 어떻게 할지 문집을 만들 때마다 고민입니다. 학교에서 문집 예산을 미리 정해 두면 더없이 좋으련만, 학교에서 지원하는 경우는 드뭅니다. 영근 샘은 학부모에게 편지를 써 문집 가격을 알립니다. 학생들에게 문집을 나눠 주며 문집 값을 받는데, 안 가져와도 괜찮습니다. 이때 "문집 값은 어른이 되어 세상에 갚으세요." 합니다.

- **표지에 쓰는 글** : 앞뒤 표지 그림은 학생들이 그리는데, 표지에 꼭 우리

반 이름을 담습니다. 앞표지에는 우리 반 문집 이름(참사랑땀 발자취 혹은 학생들과 문집 이름을 정할 수도 있음)을 넣고, 문집 호수를 씁니다. 아울러 우리 반 이름을 쓰고, 언제 만나고 헤어지는지도 씁니다. 문집 뒤표지에는 우리 반 가치(참사랑땀 반은 참 삶을 가꿉니다. 사랑을 나눕니다. 땀 흘려 일합니다.)를 쓰고 문집을 소중히 여기라는 말(세상에 한 권밖에 없어요. 다시 구할 수 없으니 잘 챙기세요.)도 씁니다.

글쓴이는 우리 반 학생이고, 엮은이는 영근 샘입니다. 문집을 만드는 데 도움을 준 학생이나 학부모는 도운이로 이름을 써 둡니다. 표지를 그린 학생들 이름도 씁니다.

"옆 반 선생님이 우리 반에서 문집을 하지 않았으면 하세요."

어느 모임에서 선생님이 이렇게 하소연합니다. 아직 경력이 몇 년 되지 않은 선생님에게는 옆 반 선생님이 하는 이런 말이 부담일 수밖에 없습니다. 한 해 동안 늘 함께 사는 선생님 게다가 선배 선생님이 하는 말이니 부담입니다. 영근 샘은 이렇게 대답합니다.

"선생님, 저라면 그냥 계속 문집을 만들겠어요. 제가 행복해야지요. 학생들과 한 해 동안 교실에서 행복해야지요. 옆 반 선생님과 관계 때문에 제 것을 포기하고 싶지는 않아요. 그런 말을 하는 옆 반 선생님이라면, 저는 그분과는 교육 이야기를 더 하지 않아요. 다만 선배 교사로서 존중하며 인사 잘하고 내 몫에 충실하겠어요. 사람으로서 제대로 만나되, 교육에서는 한 걸음 멀리하겠어요. 나와 맞지 않은 모든 사람과 잘 지내기보다는 우리 반 학생들 행복이 먼저라 생각해요."

"학급 문집은 밤에 이뤄진다고 한다. 작품 읽기와 지도, 학생들 삶을 북돋워 주는 일, 고르기와 편집, 제본, 돈 모으기……, 이런 일들을 위해서 밤낮으로 몰두할 수 있는 사람만이 문집을 만들 수 있다. 학급 문집이야말로 교사 피와 땀으로 만든 결정이다. 이 피와 땀 결정을 그 누가 알아줄 것이라고 생각해서는 안 된다. 다만 학생들이 알아줄 것이다. 학급 문집은 학생들에게 주기 위해 만드는 것이고, 학생들 참된 성장만이 고귀한 갚음으로 생각되어야 할 것이다."

– 이오덕,《삶을 가꾸는 글쓰기 교육》(보리)에서

문집에 부모님이 써 주신 글

○○가 3학년이 되고, 영근 샘을 만났다. 남자 선생님? 자연스레 걱정이 되었다. 남자 선생님 처음인데 괜찮을까? 학생들에게 부드럽게 대하실까? 그런 걱정이 무색할 정도로 영근 샘과 함께한 3학년의 시간은 마음이 편안하고 따뜻했다. 선생님은 참 부지런하시다. 학생들에게 어떤 것 하나라도 더 해 주시려고 부지런하시다. 그리고 부모와 소통하신다.

선생님과 함께한 1년을 돌아보면 예전 감명 깊게 보았던 〈죽은 시인의 사회〉 속 키팅 선생이 생각났다. 선생님은 성공을 위한 교육만이 아닌 참된 인생이 무엇인지 느끼게 해 주시는 분 같다. 내 생각에 확신을 더 하게 된 3학년 발표회 날 우리 학생들이 몸소 보여 주었다. 모두가 환호하고 어울리며 즐기는 학생들은 정말 그 시간을, 현재를 즐기고 있었다. 그 자체가 감동이었다. 물론 발표회의 주인공은 학생들이다. 그런데 그런 주인공의 끼를 발산할 수 있게 배경을 만들어 주신 분이 영근 선생님이다.

발표회가 끝나고 돌아오는 길에 나도 ○○도 참으로 선생님 복이 크구나 하는 생각이 들었다. 감사한 일이다. 이런 영근 샘과 헤어지는 것이 아쉽고 서운하지만 더 많은 학생들이 학급이 선생님을 만나야 하니까 우리처럼 즐거움의 맛을 느껴야 하니까! 그래서 조금만 서운해지기로 했다. 1년이라는 시간동안 땀 흘리며 열심히 놀고, 공부하며, 기타도 치고, 연극도 하며 그렇게 사랑을 배우고 참됨을 알았다. 마지막으로 선생님을 생각하며 느꼈던 영화 속 대사를 남긴다.

"그 누구도 아닌 자기 걸음을 걸어라. 나는 독특하다는 것을 믿어라. 누구나 몰려가는 줄에 설 필요는 없다. 자신만의 걸음으로 자기 길을 가거라. 바보 같은 사람들이 무어라 비웃든 간에."

문집 편집하며 부모님 글을 메일로 받아 담고 있습니다. ○○ 어머니가 쓴 글에 감성이 메마른 나도 눈물이 고입니다. '자기 걸음을 걸어라. 사람들이 무어라 하든 간에.'

올해 참사랑땀 20기를 보내며. △△는 기타와 노래를 통해 함께 노래하며 연주하는 즐거움과 원하는 수준에 다다르기 위해선 인내도 필요하다는 것을 몸으로 배운 한 해였다. 음악을 즐기는 법을 배웠고 과학이 재미있고 책을 읽고 연극을 통해 자신을 표현하는 법을 배웠다. 아침햇살을 통해 아침 산책과 학생들과 도시락 먹는 재미가 좋았고 숲에서 노는 법도 배웠다. 그 중 △△가 가진 모습 그대로 배울 수 있는 게 가장 행복했던 것 같다.

학습 발표회 때 성적으로 눈치 보지 않고 주눅 들지 않고 자기 역할을 충실히 할 수 있는 것이 혁신학교라는 선생님 말씀에 무릎을 탁 쳤다. 성적이 나빠도 그림 솜씨가 썩 좋지 않아도 연주를 썩 잘하지 않아도 발표를 뛰어나게 잘하지 않아도 축구를 잘하지 않아도 내가 할 수 있는 만큼으로 즐기는 것. 이제까지 수업 방식과 수업 내용이 달라 혁신학교라고 생각하고 공부를 좀 더했으면 했는데 이런 나의 생각이 한번에 정리가 되었다.

참사랑땀 20기를 생각해 보면 딱 그대로다. 발표가 어려우면 할 수 있을 때까지 기다려 주며 스스로 할 수 있는 방법으로 발표해 보고 미술도 자신이 원하는 모습으로 표현하고 연극도 노래도 리코더 연주도 자신의 가진 모습 그대로 나타내었다. 있는 그대로의 모습으로 받아들여지는 경험을 한 소중한 한 해였다. 그래서 참 행복하고 즐거웠다.

사랑으로 함께해 주신 영근 샘. 학생이 성장을 위해선 어떤 마음으로 학생을 지켜봐 주어야 하는지를 생활을 통해 가르쳐 주셔서 정말정말 감사드립니다. 잊지 못할 3학년이었습니다.

학습발표회 때 연극 준비로 내가 끌어야 할 시간이 있어 우리 학교가 혁신학교로 어떠하면 좋겠는지 잠시 말을 한 적이 있습니다. 그 말을 이렇게 문집에 담아 주셨습니다.

3월 첫 등교를 하고 집에 돌아온 ◁◁이가 한 말은, "선생님 넘 좋아. 넘 재미있어. 친구들 장난스러운 말에도 화도 안내고 받아 주신다."였습니다. ◁◁이는 학교생활에 대해 물어보면 간단한 대답만 했던 아이였는데, 묻지도 않는 질문에 웃으면서 저에게 다가와 얘기했던 그 모습이 아직도 생생합니다. 느낌이 좋더라고요. 우리 ◁◁이 1년도 잘 지낼 수 있겠구나, 하고 안심도 되고요. 그리고 저에게도 잊지 못할 추억들이 생겼어요.

추억 하나) 4월 중순 처음으로 선생님 뵙는 날, 금요일 마지막 상담, 상담 끝나면서 선생님께서 기타 치면서 노래도 불러 주셨어요. 두 곡이나. 마지막 곡으로 제가 제목만 보고 '거리에서'를 골랐는데, 실은 성시경 노랜 줄 알고 골랐어요. 근데 김광석 노래더라구요. 노래 선물 너무 감사해서 절대 못 잊을 것 같아요.

추억 둘) 두 번째 상담 때 일이에요. 평일 학생들 하교 후 첫 번째 상담이라 상담 갔을 때는 아직 학생들이 있었어요. 반 학생 중 한 명이 선생님과 글로 대화를 하더라구요. 나름 훈육이지만 학생이 스스로 생각할 수 있게끔 생각을 글로 표현하면서 글로 대화하는 모습이 인상적이었어요. 역시 멋진 선생님이시구나.

추억 셋) 녹색 어머니 7년 차에 접어들었는데 녹색 어머니 할 때 이렇게 찾아와 주신 선생님은 처음이었어요. 횡단보도를 건너오셔서 마스크와 귤 2개를 주시고 가셨던 모습은 감동이었습니다.

2019년 처음인 게 넘 많아 ◁◁이 그리고 저 너무 즐거운 학교생활이었던 것 같아요. 좋은 추억 만들어 주셔서 선생님 너무너무 감사합니다. ◁◁이에게 영근 샘과의 추억이 좋은 양분이 되어 영근 샘처럼 멋있는 사람이 되길 바라요.

영근 샘의 글쓰기 수업

첫 상담 때는 스물여섯 분을 만나며 마지막이라 즐거워서 노래를 했습니다. 두 번째 상담에는 문제를 보인 학생과 상담 중이었습니다. 녹색 어머니에게는 찾아가서 귤을 두 개씩 드렸습니다. 입마개 안 한 분은 입마개도 드리려 챙겼는데 ◁◁ 어머니가 없으셔서 드렸나 봅니다.

3학년을 마무리하는 **에게. 종업식이 일주일 남았구나. 종업식을 앞두고 영근 샘께서 엄마, 아빠에게 문집에 넣을 편지를 작성해 보자고 했을 때, 처음에는 너무 난감했었어. **의 3학년 이야기를 어디서부터 어떻게 정리해야 하나 막연하게 느꼈거든. 그때, 갑자기 **의 알림장 속 〈영근 선생 편지〉가 생각난 거야. 3월부터 지금까지 매주 금요일마다 **가 알림장 속에 붙여온 〈영근 선생 편지〉, 그 안에 선생님과 나눈 편지 대화를 다시 읽어 봐야겠다고 생각했지. 그래서 너에게 3학년 알림장 공책들을 잔뜩 받아와, 엄마는 하나하나 영근 샘과 나눈 대화를 읽기 시작하는데, 글쎄 처음 시작이, ♥월 8일 〈영근 선생 편지 01호〉 '부모님께서 답글로 하고 싶은 말을 쓰라'는 미션이었어. 한솔직하는 엄마지만 학교 선생님과는 처음 나누는 편지에 잔뜩 긴장해, 결국 아빠를 시키고 말았는데, 담백한 아빠의 첫 답장 글은 '**가 많이 튀어도 조금만 너그러이 보아 주세요.'였어.

그렇게 〈영근 선생 편지 40호〉에 다다르기까지, 선생님의 수많은 질문과 엄마, 아빠의 대답들 안에 '**의 3학년 이야기'가 담겨 있더라. 사실 이제 와 보니, 엄마가 쓴 글들이 조금은 창피하기도 해. 그 글 안에 엄마의 걱정이 너무 많이 있더라고. 지금 **를 보면 그런 걱정들이 무색하리만치 너답게 성장해 주었는데 말이야. 어쩌면 엄마의 낭시 걱정이 **에게 부담을 주거나 힘들게 하지는 않았나, 되짚어 보며 반성하는 시간도 되었어. 엄마도 ** 엄마로 성장하는 중인가 봐.

마지막 〈영근 선생 편지 40호〉를 읽으면서 엄마는 그동안 **에게 미처 하지 못

했던 말을 전해야겠다는 생각이 들더구나. '우리 학생 애쓴 것을 인정해 주기'라는 영근 샘의 미션에 대한 답으로 대신할게. '2019년 **는 꼭 필요한 사람이 되고 싶어서 애를 많이 쓴 학생 같아요. 앞으로는 스스로도 더 행복한 학생이 되기 바라요.' **야, 힘이 들 때는 힘을 빼도 괜찮아. 이런 **도 저런 **도 모두 엄마한테는 다 같은 **란다. 엄마는 ** 너여서, 그 자체만으로도 소중하니까. 언제나 너를 응원할 거야. **야. 사랑해.

영근 선생님께. 2019년 3학년 3월, **가 학교 가방을 메고 처음으로 웃음을 보였어요. 이제는 학교 가는 게 좋다면서요. '이걸로 됐다'로 시작했고, 뭐든 천천히 가자고 다짐했어요. 학생이 잔뜩 풀이 죽어 있던 한때, 이를 걱정하셨던 선생님을 뵈며 부모는 학생에 대해 같은 고민을 공감할 수 있는 분을 만나 힘이 생겼어요. 학생의 힘듦을 노심초사가 아닌, 그 고비를 넘기는 법도 지켜봐 줘야 한다고 이야기하셨던 영근 선생님. 반대로 학생들에게는 특유(?)의 유쾌함으로 교육이 스며들도록 지도해 주신 영근 선생님. 부모에게는 어른다움을, 학생들에게는 환한 웃음을 선사하셨던, 유쾌 명쾌한 선생님의 말씀과 그 미소를 잊지 못할 겁니다. 지난 한 해, 학생들, 부모 모두 즐겁고 행복한 추억 만들어 주셔서 감사합니다.

**도, 부모님도, 영근 샘도 함께 커 가는 한 해였습니다.

문집, 이렇게 만들어요

1. 문집에 담을 내용(일기, 글똥누기, 사진 따위)을 정합니다.

2. 문집을 내는 횟수(달 문집, 학기 문집, 한 해 문집)를 정합니다.

3. 일기는 컴퓨터로 달에 두세 편씩 꾸준히 모읍니다.

4. 글똥누기는 달에 두세 편씩 가려 뽑아 손글씨로 써 스캔합니다.

5. 사진은 개인이나 활동 중심으로 묶어서 문집에 담습니다.

6. 이밖에도 더 담을 내용, 표지, 편지 따위를 궁리해서 만듭니다.

영근 샘의
글쓰기 수업

생각이 커져요 마음이 자라요 🎤

초판 1쇄 발행	2020년 6월 8일
지은이	이영근
발행인	김병주
출판부문대표	임종훈
주간	이하영
편집	권은경
디자인	블랙페퍼디자인
마케팅	박란희
펴낸 곳	㈜에듀니티(www.eduniety.net)
도서문의	070-4342-6110
일원화 구입처	031-407-6368 (주)태양서적
등록	2009년 1월 6일 제300-2011-51호
주소	서울특별시 종로구 인사동5길 29, 태화빌딩 9층

ⓒ 이영근 2020

ISBN 979-11-6425-058-5 (13370)

책값 17,000원